# 「日本会議」史観の乗り越え方

松竹伸幸

かもがわ出版

# まえがき

「日本会議」が注目を集めています。なにしろ、安倍首相を筆頭にして三〇〇人近い国会議員が日本会議に属しているとされ、閣僚（第三次安倍第二次改造内閣）に至っては二〇人中一六人がメンバーだと言われています。そのことを根拠にして、日本の政治は日本会議が動かしていると言う人もいるほどですから、注目されるのは当然です。しかも、その日本会議が第二次大戦前の日本を現代に蘇らせることをめざしているのだと聞かされれば、誰しもびっくりするでしょう。

## ●新しい批判の方法が必要ではないか

本書は、日本会議が振りまく日本近現代史に関する歴史観（以下、「日本会議」史観）を取り上げ、それを批判しようとするものです。それはいうまでもなく、「日本会議」史観の影響力を重視しているからです。

戦後五〇年の年に出された歴史認識に関する村山総理大臣談話（村山談話）を前後して、日本会議（その前身である「日本を守る会」「日本を守る国民会議」を含む）を中心にして活躍する人びとは、自虐史観批判の大キャンペーンをくり広げました。その影響力が国民の意識に与えたものの大きさは、「日本会議」史観に立ち、歴史問題でも右派的な立場で発言をくり返す安倍晋三氏が総理大臣となり、連戦連勝を重ねていることでも理解できると思います。

とはいえ、本書が「日本会議」史観を批判する方法は、多くの人が予想するものとは異なります。これまでも同種の図書や論文は数多く出されていますが、その多くは、「日本会議」史観が日本の光の部分を強調するのに対して、日本の影の部分を掘り起こし、提示していくものだったと思います。しかし、安倍氏の連戦連勝は、そういうやり方の有効性に疑問符を突き付けています。

しかも注意しなければならないことは、日本会議自身が、憲法改正をはじめとする野望を実現するため、国民多数をどう獲得するかという視点を持って、新しい手法をとろうとしていることです。本書でも、それに対応して、「日本会議」史観を批判する新たな手法を提示したいと考えています。

## ●「天皇生前退位に『日本会議』が猛反発」!?

日本会議の新しい手法と言いましたが、その問題を考える上で絶好の材料が、今上天皇の「生前退位」をめぐって明らかになりました。本書が採用する手法ともかかわりますので、少し詳しく紹介しておきます。

天皇が生前退位の意向を表明すると（二〇一六年八月八日）、いろいろな議論がわき起こりましたが、「週刊文春」（八月一一日・一八日号）が「天皇生前退位に『日本会議』が猛反発」という見出しで報じたように、日本会議はそれに反対していると受けとめられました。実際、その翌日（九日）に新聞各紙で掲載された識者のインタビューを見ると、日本会議の中心メンバーは、共通して反対しているように見えました。

百地章氏（日大教授、憲法学。日本会議常任理事）「現在の皇室典範をつくる際には、過去の歴史を踏まえて慎重に検討した結果、生前退位の仕組みを否定した。先人の判断は尊重すべきで、一時的なムードや国民感情で皇室制度を左右してはならない」（京都新聞）

大原康男氏（國學院大學名誉教授、宗教行政論。日本会議政策委員会代表）「天皇陛下は国民統合の中心であり、お一人の天皇が終身その位にいらっしゃることにより、日本社会が保たれる。……譲位が政争の具とされたり、皇位継承をめぐる対立で血が流れた悲史を反省し、明治時代に皇位継承は天皇崩御の場合に限るとされ、それを昭和の皇室典範も受け継いだ。……今後の政府の検討では、こうした歴史を配慮すべきだ」（朝日新聞）

この談話にもあるように、天皇が死亡したときにのみ皇位が継承されるという制度は、明治時代になって以降の固有のものです。そして、明治時代を懐かしむ日本会議の有力メンバーが生前退位を否定する談話を出しているのですから、日本会議それ自体も生前退位を否定しているとメディアが捉えたのは当然だったのかもしれません。

## ●国民の気分感情を考えて判断している

ところが、日本会議のホームページを見ると、異なった風景が展開しています。「いわゆる『生前退位』問題に関する日本会議の立場について」と題する見解が掲載されており（八月四日付）、そこで「週刊文春」報道などを「日本会議に関する誤った報道」「かかる報道に類する立場を表明しておりません」としているのです。その上で、八月二日付（天皇のメッセージ公表以前）の、以下の「いわゆる『生前退位』問題に関する日本会議の基本見解について」が掲載されています。

「七月十三日夜のNHKニュースが「天皇陛下『生前退位』の意向示される」と報じたことを発端として、現在、諸情報がマスコミ各社によって報道されている。しかし、その多くは憶測の域を出ず、現時点で明確なのは、政府および宮内庁の責任者が完全否定している事実のみである。

この段階で、天皇陛下の『生前退位』問題に関連して本会が組織としての見解を表明することは、こと皇室の根幹にかかわる事柄だけに適当ではないと考える。確証ある情報を得た時点で、改めて本会としての見解を表明することを検討する」

すでに天皇のメッセージは伝えられ、生前退位が天皇の意向だという「確証」はあるのに、これが現在（九月一日）に至るまで掲載されています。日本会議にとって、生前退位問題は、「皇室の根幹にかかわる事柄」なので、慎重な検討がされているのでしょう。そして、いずれは見解が出されるのかもしれません。

ただ、大事なことは、日本会議の幹部があれこれ見解を表明したからといって、それがただちに日本会議の見解になっているわけではないということです。生前退位をめぐる世論調査を見ると、国民の圧倒的多数はそれを好意的に受けとめており、日本会議が生前退位に反対することになると、国民を敵にまわしかねない事態です。そういう状況をふまえ、日本会議それ自体は、みずからの見解を表明するにあたって、本当に慎重に検討し、練り上げているようです。

## ●明治憲法の復活という方針を掲げたことはない

生前退位問題だけではありません。日本会議が現行憲法を敵視し、幹部が明治憲法時代を懐かしむ発言をしているためでしょうか、日本会議が現行憲法を廃止して明治憲法を復活させようとしていると主張する人もいます。

たとえば二〇一六年夏の参議院選挙長野選挙区で、野党から立候補した杉尾秀哉氏もその一人です。しかし、杉尾氏が「日本会議が考えている憲法改正は、大日本帝国憲法の復活です」と発言したのに対して、日本会議はただちに見解を公表し、これまで表明した憲法改正に関するいろいろな事実の経緯を述べながら、「結成以来今日まで『大日本帝国憲法復活』などの方針を掲げたことは一切ありません」と反論しました。憲法改正を掲げていることは隠しませんが、明治憲法を復活させるようなものではないというのです。

実際、日本会議は昨年（二〇一五年）一一月、「憲法改正の国民的議論を！」と題するチラシを作成し、「国民運動」を進めており、そこでは七つが改正項目とされています。一＝前文に日本の美しい伝統文化を明記すること、二＝国家元首は誰なのかを明記すること、三＝九条一項の平和主義を残すが二項で自衛隊の国軍としての位置づけを明確にすること、四＝環境規定を設けること、五＝家族の保護を規定すること、六＝緊急事態条項を入れること、七＝憲法改正要件を緩和すること、以上です。

これをもって、「明治憲法と同じだ」と言う人もいるかもしれませんが、それはアジテーション以上のものではありません。自民党の改憲案と比べてみても、よほど穏やかなものになっていることは疑いようがありません。

## ●右派団体を総結集し、実際に目的を実現しようとするから

ある人にとっては日本会議が極右のように見えるのに、なぜ実際には、それほど右側に寄りきった主張をしていないのか。それは、日本会議のそもそもの性格、さらにはそれが現在めざしていることともかかわる問題です。

日本会議は、一九九七年、主に右派宗教団体を糾合する「日本を守る会」と、主に右派知識人が集まる「日本を守る国民会議」が合同して結成されたものです。右派の個人、団体を総結集することによっ

て、その目的を達成しようとしているのです。

しかし、巨大だということは、いろいろ性格の異なる団体、人びとが集っているということでもあります。たとえば宗教団体といっても、一般に目につくのは神道関係の団体であり、それらの団体が明治の国家神道と密接な関係にあった天皇制に対して独自の主張を持っていることは容易に推測できることです。けれども、日本会議には同時に、日蓮宗や曹洞宗などの仏教関係者、世界真光文明教団などの新興宗教の関係者なども加わっています。そこをまとめ上げるのですから、極端な主張では合意が得られないという要素も加わってきます。

憲法をめぐっても右派のなかにはいろいろな意見があります。占領時に制定されたものだから無効だという主張も根強いのです。現行憲法が無効ということになると、現行憲法で廃止の決まった明治憲法が復活することになります。そういう立場からすると、現行憲法を改正するというやり方は、きわめて生ぬるいことになります。

けれども、日本会議がいま重視しているのは、国民の合意を得て、実際に憲法を変えることです。「美しい日本の憲法をつくる国民の会」を結成して一〇〇〇万人署名を展開し、国民の支持を得ようとしています。その目的の実現のためにも、それなりに合意の得られやすい先の七項目に限定して、署名の内容としているわけです。国民の支持が得られない明治憲法の復活という方針が有害なことは十分に自覚しているのです。

## ●自民党以外から支持を獲得するために

以上のことから分かるのは、日本会議の主張がそれなりに抑制的なのは、組織の結束力を維持して、国民の支持のもとに、本気で目的（当面は改憲）を達成しようとしているということです。『日本会議の正体』（青木理著）に登場している横浜市港北区の師岡熊野神社の石川正人宮司は、自民党に限らず改憲派を糾合するのが日本会議の役割であるとして、次のように語っています。

「逆に、民主党などの中にも改憲派はずいぶんいて、その人たちが陰ながら力になってくれているという部分も実は侮れないんです。われわれはとにかく自民党に限らない改憲派を糾合したい。それが日本会議の運動ですから」

日本会議といえば、多くの人の抱くイメージは、「自民党より右」というものでしょうが、実際にはウイングを自民党から左に伸ばそうとしているわけです。そのためには、右派原理的な主張は抑えてでも、できるだけ受け入れられやすい訴えをするようになっているのです。

一方の日本会議がこうした視野を持って運動を開始した九〇年代半ば以降の時期、他方の左派はそれぞれが自己主張を強め、労働運動でも平和運動でも分裂した状態が固定化されていきました。その間隙を突くようにして出現した日本会議が、この約二〇年の間に、右派組織の団結をさらに固めつつ、どんどん巨大化してきたのです。

つまり、主張が抑制的になったところが、実は日本会議の侮れないところだということです。現在の日本会議を語る上では、そういう視点が欠かせません。実際に日本会議が主張してもいないことを批判しても、「そんなことは言っていません」と反論されるだけで、痛くもかゆくもないでしょう。

日本会議の歴史観をテーマとする本書も、その視点で書かれたものです。歴史観こそが、日本会議を日本会議たらしめているものにほかならないのであって、この分野で日本会議の実際の主張に即した批判ができなければ、巨大な影響力を持ちつつある日本会議を乗り越えることはできないと考えます。

もくじ●「日本会議」史観の乗り越え方

# 序章
# 光と影を統一的に捉える見地で

先ほど、歴史観こそが日本会議を日本会議たらしめていると書きました。それはどういうことでしょうか。

## ●戦後長く自民党は侵略を認めてこなかった

日本会議は、歴史的に見ると、その前身となる二団体も含め、歴史観を結集の軸としてきました。戦後の日本で主流となった歴史観を自虐史観、東京裁判史観と批判し、明治以降の日本の歴史を全体として「栄光の歴史」として描くところに、その歴史観の特徴があります。なお、自虐史観という用語は特定の価値判断を含んでいますので、引用箇所でない限り、今後は「罪責史観」と呼びます。日本会議に代表される歴史観はよく「歴史修正主義」と名づけられますが、これも決めつけ的な色合いが強いので、「栄光史観」とするか単に「日本会議」史観とします。

日本が第二次世界大戦で侵略する側に立ったことは、国連憲章で「敵国における侵略政策の再現」への対処をうたった条項（五三条）に明記されているように、国際的には（日本と世界における学問の主流の世界でも）自明のことでした。しかし戦後の日本では、侵略を進めた勢力とその後継者が政権を担い、自民党を結成したこともあって、日本の戦争をどう評価するかということはほとんど議論されないままに推移します。自民党は、本音では日本の戦争を侵略だとは思っていませんでしたが、国際的にはそれが通用しないという自覚はあり、あいまいにしていたのです。日本会議を生み出すことになる人びとも、そういう現状に不満はあったでしょうが、政府が侵略だと言わないわけですから、取り立てて大きな問題にすることもありませんでした。

このあいまい戦略は、自民党の凋落とともに通用しなくなりました。一九九三年の総選挙で自民党が敗北して戦後はじめて野党に転落することになり、下野する直前に慰安婦問題での河野談話が出されました。さらに、自民党に替わって誕生した非自民政権の細川首相は、あの戦争を侵略戦争だったと認めたのでした。

## ●国会の中と外で連携して戦争謝罪反対運動

自民党はわずか二年で政権復帰を果たします。しかし、だからといって、あの戦争を侵略かどうかは言わないというあいまい戦略をそのまま継続することはできませんでした。何といっても、政権に復帰したとはいえ、当初、首相は社会党の村山富市氏でした。戦後五〇年にあたり、侵略どころか植民地支配にまで「お詫び」と「反省」を表明する村山談話が、自民党もくわわる政権で閣議決定されたのですから、世間は驚きを持って受けとめたと思います。その後、自民党の首相が続きますが、誰もが村山談話の継承を口にしたことは、侵略と植民地支配の問題で政治のコンセンサスができたのかとさえ思わせるものでした。

もちろん、事実は異なりました。日本会議（九七年以前は前身の団体ですが）に属していた人びとは、非自民の細川政権が戦後五〇年の年に歴史認識問題で何らかの決議をあげることを表明した時点で、国会内外で猛烈な運動を開始していました。

国会の外では、「日本を守る国民会議」の初代議長だった加瀬俊一氏を会長として、「終戦五十周年国民委員会」が結成されます（一九九四年）。そして、同委員会による国会の戦争謝罪決議反対署名が開始され、五〇〇〇万人以上の署名が集められ、国会に提出されたと言われます。

国会のなかでそれに呼応したのが、九三年に衆議院議員に初当選を成し遂げた安倍晋三氏でした。安倍氏は、当選の翌月（九三年八月）に自民党が「大東亜戦争」を総括する目的で結成した「歴史・検討委員会」にくわわり、戦後五〇年に戦争への反省をする動きに反対して九四年一二月につくられた「終戦五〇周年国会議員連盟」で早くも事務局長代理の任についています。

## ●罪責史観と栄光史観の争いの歴史

日本会議が展開した国民運動にもかかわらず、一九九五年、村山談話が出されることになります。日本会議と安倍晋三氏らの怒りは、いかばかりのものだったでしょうか。九七年、日本会議と日本会議国会議員懇談会が相次いで結成されたのは、こうした流れのなかでのことでした。

日本会議は、その後、活動の重点を憲法改正に移します。しかし、憲法改正を求めること自体、日本会議にとっては、東京裁判史観を批判しようとする見地と一体のものでした。日本の美しい伝統を憲法前文に書き込むのも、家族の条項を新たに設けるのも、東京裁判が批判した戦前の体制への哀愁から来ているからです。

同時に、日本会議は、村山談話に代表される政府の歴史認識をあらためることを求め続け、歴史問題で事あるごとに見解を表明してきました（それはホームページに掲載されています。本書で批判のために取り上げるのも、日本会議のあれこれの幹部の著作ではなく、それら公式見解です）。日本会議が結成されて以降の二〇年間は、罪責史観と栄光史観の争いの歴史だったと言えるほどです。

では、こうして両派が争った結果はどうなったでしょうか。学問の世界でどちらが優勢かは別にして、世論のレベルでは「日本会議」史観の圧勝でした。「まえがき」で述べたように、「日本会議」史観を持つ安倍氏が総理大臣となり、選挙でも連戦連勝を飾っているわけですから、疑いようがありません。安倍氏が支持されているのは経済が好調だからだという見方もありますが、それにしても同氏の歴史観への忌避がそれほど強いものでないからこそ、安倍内閣を支持する世論が生まれるわけです。

こうして安倍氏は、戦後七〇年の節目の年を首相として迎えることによって、歴史認識問題で村山談話に代わる安倍晋三総理大臣談話（以下、安倍談話）を出すことになったのです（二〇一五年八月一四日）。日本会議の二〇年来の野望の実現でした。

## ●日本会議による安倍談話の評価は？

ところで、その安倍談話ですが、日本会議の野望の実現というのは言い過ぎだとの指摘を受けるかもしれません。安倍氏が村山談話に代わる新たな談話を出すと表明した時、多くの人が感じたのは、「罪責史観」を否定し、「栄光史観」に立ったものになるのではないかということでした。「侵略」「植民地支配」「反省」「お詫び」という四つのキーワードが入るかどうか、世論は固唾をのんで見守りましたが、すべてが入ると確信する人は少なかったと思います。

しかし、キーワードはすべて使われました。「栄光」の強調もちりばめられていますが、「罪責」という側面は否定されませんでした。当時、自民党が衆議院で三分の二を超え、参議院でも半数近くを占めていたわけですから、自民党本来の歴史観で談話を出すことも不可能ではなかったのでしょうが、安倍氏はそうしませんでした。

この談話は、日本会議としては、どう評価されるものなのでしょうか。談話発表の翌日（一五日）、日本会議が主催して、靖国神社の参道で「第二九回戦没者追悼中央国民集会」が開かれました。そこで挨拶した日本会議の田久保忠衛会長は、「安倍談話に一〇〇％は賛成できない」と述べたそうです（「ＡＥＲＡ」二〇一五年八月三一日号）。では、否定しているのかというと、そうではありません。この会長挨拶は、日本会議の機関誌（「日本の息吹」二〇一五年一〇月号）にも掲載されているそうですが、『日本会議――戦前回帰への情念』（山崎雅弘著）によると、次のようになっているのです。

「安倍談話にキーワードが入っているかどうかという低いレベルの質問に対しては、『侵略』は入っているよ（でも主語がないよ）、『痛切な反省とお詫び』は入っているよ（歴代内閣が表明してきたよ）、と返せるわけです。これは注目すべきではないか。

また、子々孫々にまで謝罪を続ける宿命を背負わせてはならないと言いました。

七〇年の長い年月を経て、ここで大きく潮目が変わったと断言してもよかろうと私は思います」

## ●日本会議も「歴史には光と影がある」と主張

日本会議の本来の主張からすると百点満点ではない。しかし十分に合格点は与えられるというところでしょうか。

ただそれも、日本会議の本来の歴史観は、安倍談話よりかなり右翼的なものだとの認識が前提となっています。けれども、「まえがき」で述べた日本会議の抑制的な主張は、歴史観の分野にも適用されているのです。日本会議は、安倍談話に先立つ八月六日、「終戦七〇年にあたっての見解」（以下、「七〇年見解」）を公表しました。そのなかには、「歴史には光と影があり、わが国近現代史の歩みのすべてを肯定するつもりはない」という記述が見られます。光と影の双方の存在を認めるという見地は、安倍談話そのものです。

安倍談話の内容が煮詰まってきたので、日本会議がそれにあわせて歴史観を修正したのかというと、そればかりでもないようです。たとえば、二〇〇八年、「インドネシアにおけるオランダ三五〇年と日本三年半の統治比較」と題する文書が作成され、ホームページに掲載されています。それによると、たしかに日本によるオランダ統治の良さを指摘する部分のほうが圧倒的に多いのは確かですが、「日本軍の問題点」についても書かれています。「戦争遂行のため、石油資源ばかりでなく食料供出を強制したため、戦争末期には住民が飢えに苦しんだ」こと、「タイ・ビルマ間の鉄道敷設のため、一〇万人に上る労務者をタイに送り、二万人近い犠牲者を出した」こと、「日本兵の態度が粗暴であった。特にイスラム教では神にしかお辞儀（礼）しないのにインドネシア人に日本式のお辞儀を強制した」ことが指摘されているのです。

### ●戦争犯罪研究に没入して方法論を棚上げに

要するに、日本会議の側は、日本の近現代史には光しかないという単純な歴史観から離れ、より包括的な歴史観を確立しようとしていると思われます。不本意なのかもしれませんが、憲法改正という大目的を果たすためにも、国民の支持を得られやすい方向へと転換しようとしているのです。

一方、それに対抗する側はどうでしょうか。さすがに、日本の近現代史に光はひとつもないとするような見方はないでしょう。しかし、影こそが本質であるとか、影を深めることこそが大事だとするような見方が存在していないでしょうか。これは私の勝手な推測ではありません。戦争責任問題を追及してきた著名な歴史学者も、「戦後歴史学は、……戦争犯罪研究に没入することによって、方法論的な問い直しを棚上げにした」のではないかと、率直に反省を表明しています。

「戦後歴史学は、戦争責任問題の解明という点では確かに大きな研究成果をあげた。しかし、国際的契機に触発される形で研究テーマを戦争責任問題に移行させることによって、それまでに積みあげられてきた重要な論点の継承を怠ったこと、戦争責任問題、特に戦争犯罪研究に没入することによって、方法論的な問い直しを棚上げにしたことなど、戦争責任問題への向き合い方自体の内に、重要な問題点がはらまれていたことも事実である。戦争責任問題を歴史学の課題としていっそう深めてゆくためには、この問題の解明を中心的に担ってきた戦後歴史学そのもののあり方が、今あらためて、批判的に考察されなければならないのだと思う」（吉田裕「戦争責任論の現在」岩波講座『アジア・太平洋戦争』第一巻所収）

## ●戦争犯罪という要素だけから歴史を見てはならない

そうなのです。かつて戦後歴史学は、日本の近現代史についても、大きな成果を生み出しました。たとえば明治維新論をめぐっても、私が学生時代に愛読した遠山茂樹、井上清、芝原拓自などが諸説を闘わせましたが、日本の近現代史を「侵略の歴史」「犯罪の歴史」などと単純化するものではなく、豊かな歴史の見方、方法論を提示してくれたと思います。

ところが、いま引用した吉田氏が懸念したように、「国際的契機」すなわち戦後五〇年を迎え、従軍慰安婦問題をはじめとして日本の戦争犯罪が問われたことをきっかけに、歴史学のありようが大きく変化したと思います。「戦争犯罪研究に没入」することになったのです。日本の侵略と植民地支配の実態を掘り起こし、その犯罪性を証明することが、歴史学の最大の課題であるかのようになりました。

もちろん、それは大事な課題なのです。それを否定するつもりはありません。この分野でも、現在の到達点にとどまらず、さらに深い究明が必要とされるでしょう。

しかし、歴史学が関心をそこに「没入」し、そこを基準に日本の近現代史を評価してしまえば、結果として日本の近現代史は「侵略の歴史」「犯罪の歴史」ということになってしまいます。日本会議が近現代史には光と影の双方があるとしているのに、歴史学会や左派は、日本の歴史は影だらけだと主張しているかのような構図が、この二〇年の間に生まれたのです。

戦後五〇年の村山談話と七〇年の安倍談話は、そのような関係にあるのかもしれません。日本の近現代史は影だらけとするのが村山談話で（戦後は平和国家として歩んだ光があるという立場ですが、戦前は影しか描かれていません）、光と影の双方を描いているのが安倍談話というわけです。

## ●村山談話と安倍談話は性格が異なる

実際の日本近現代史はどうなのでしょうか。村山談話のような見方が日本近現代史の本質なのでしょうか。

それは本質の大事な一側面ではあるでしょう。しかし、アジアの大勢が植民地とされるなかで日本が独立を保ったという一事をもってしても、それだけが本質であるというのは間違いです。少なくとも言い過ぎです。

本流の歴史学会や左派に属する人びとが、村山談話を大事にしようとする気持ちは理解できます。総理大臣が公式に日本の侵略、さらには植民地支配までをも誤りと認め、反省とお詫びを表明したのは、画期的なできごとだったのですから。けれども、それを擁護しようとするあまり、これらの人びとが「戦争犯罪研究に没入」し、多くの国民の目には日本による犯罪の事実だけに関心を持っていると映ることになり、右派の「自虐史観」批判が的を射ていたように国民には見えることになってしまいます。

この経過をふまえ、私は、日本の近現代史における光と影の部分の混在をどう捉えるかについて、より深い見方が必要ではないかと感じるに至りました。村山談話は、日本近現代史の光と影のうち、いわば影の部分のみを取り上げ、反省と謝罪を明確にしたものでした。村山談話に光の部分への言及がなかったのは、戦後五〇年を前にしてアジア諸国から噴出していた侵略と植民地支配への責任追及に対して何らかの対応が必要とされて出された談話だったからであって、日本の近現代史そのものに光の部分がないという認識があったからではありません。しかし村山談話は、日本近現代史全般にわたる国家としての総括的評価であるかのように受け取られることもあり、普通の国民にとっては不満の残るものでした。そこを日本会議に突かれたのです。

一方、日本会議の「七〇年見解」は、前述のように「光と影」の双方の存在を重視しました。安倍談話もそれに沿ったものでした。

いま、「日本会議」史観に対抗する上で必要なのは、村山談話の内容を深めることではありません。くり返しますが、村山談話は、侵略と植民地支配という日本近現代史の一側面――重要であるとはいえ――に限定された歴史の見方だったのです。光と影の双方を含む日本近現代史の全体を評価するためには、別の試み、別の方法論が必要とされているのです。

日本会議は、それを安倍談話というかたちで示しました。戦後歴史学に求められるのは、それを乗り越える方法論を提示することなのです。

## ●光と影は区別されるが関連もある

解明すべき方法論の中心は、光と影の捉え方にあります。安倍談話では、日本近現代史に光と影の双方が存在してきたことは指摘され、それなりにバランス良く取り上げられているとは思います。だからこそ、世論の大勢が肯定的に受けとめたわけです。

しかし、その捉え方には平板さが見られます。光も影もあったということにとどまっていて、そのふたつの関係性が示されていません。光と影は区別される要素がある一方、不可分の関係があるのであっ

て、「これは光」「これは影」と単純には区別しないことが、日本の近現代史を見る上では不可欠だと思うのです

その全体を提示するのが本書の目的ですので、詳しくは、本論に譲ることにしますが、とりあえず一例だけ挙げておきましょう。日露戦争のことです。安倍談話においては次のように言及されています。

「日露戦争は、植民地支配のもとにあった、多くのアジアやアフリカの人々を勇気づけました」

日露戦争がそう受けとめられたことについては、本書の第二章でも紹介するような多くの証言がありますので、否定するつもりはありません。しかし、ここであげられている「アジア」のなかに韓国が含まれるかどうかを考えただけでも、談話の評価が一面的であることは理解できるはずです。日露戦争は、欧米の圧迫を受けてきたアジアの国が列強をはじめて打ち破ったという点で、アジアに希望をもたらしたことは事実です。けれども、戦場とされた朝鮮半島には多大な犠牲をもたらしましたし、そもそもこの戦争は、日本とロシアのどちらがこの半島を支配するかをめぐる戦争だったわけであり、ここに住んでいた人びとが「勇気づけ」られたなどとは到底いえません。朝鮮半島にとっての影が、他のアジア地域には光である――そういう複雑さがあるのです。

## ●日本の誇りが朝鮮半島の人びとに支えられている

光と影を統一的に捉えることは、過去の歴史を現実に即して捉えるためだけに必要なのではありませ

ん。日本が国際政治の舞台で間違いを犯さないためにも不可欠のことです。それを明らかにしたのは、二〇一五年夏に問題となったことですが、明治日本の産業革命遺産の世界文化遺産への登録をめぐる争いでした。

日本が非西洋社会で初めて産業革命を成し遂げたことは世界史的に見て意味があることであって、製鉄所や造船所、炭鉱などが登録されたことは歓迎すべきことだと思います。同時に、植民地として支配された朝鮮半島の人びとがそこで働いていたことも、動かせない事実です。ということは、日本の誇りは朝鮮半島の人びとの労働によっても支えられており、その労働の役割が大きければ大きいほど、日本の産業革命のスピードも速まったということなのです。そして、誰であれ過去の歴史を振り返るときに現在の価値観から自由ではいられないように――例えば誰もが奴隷制は良くないという見地で過去の小説を読んだりしています――、韓国の人びとが植民地支配が違法となった現在の世界観に立って過去を見ることも避けられません。日本の近現代史を政治が扱うに当たっては、そういう現実へのふさわしい配慮が必要となってくるのです。

凡庸な歴史しかない国には(そんな国があるかどうか知りませんが)、光がないわけですから影もない。しかし、強い光があればあるほど、それに比例して影の部分もあるのだと思います。片方だけの歴史観は存在しないし、光と影をただ分離して捉える歴史観も成立しないのです。そういう見地に立って、以下、いくつかの問題で私の考え方を示したいと思います。

第一章

# 独立を保った誇りと奪った悔恨は切り離せない

最初は、日本の植民地支配をめぐる問題です。そのことと、日本が植民地として支配されず、独立を保ったこととの関係をどう捉えるかという問題です。

## 1、日本の植民地支配をめぐる諸問題

●自国の独立は誇り、他国の独立剥奪は正当化

日本会議は、その設立宣言（九七年）で、「明治維新に始まるアジアで最初の近代国家の建設」を日本の誇りとして打ち出しています。また、戦後七〇年に出された安倍談話は、この時期の日本が誇るべきことを、以下のように述べています。

「一〇〇年以上前の世界には、西洋諸国を中心とした国々の広大な植民地が、広がっていました。圧倒的な技術優位を背景に、植民地支配の波は、一九世紀、アジアにも押し寄せました。その危機感が、日本にとって、近代化の原動力となったことは、間違いありません。アジアで最初に立憲政治を打ち立て、独立を守り抜きました」

実際、欧米がアジア全体の植民地化を進めるなかで、日本が独立を維持し、国際連盟では常任理事国の一員となるなど、欧米と肩を並べる国家を建設しました。それが全体として光の側面だというのは当然でしょう。この点で「日本会議」史観は国民共通の気持ちをあらわしたものだと思います。

一方、日本会議の見解を見ると、日本が植民地にならなかったことは誇る一方で、朝鮮半島を植民地にしたことについては、「内容的にも法律的根拠においても、正当なものであった」（論文「日本政府は『韓国統治は合法であった』との政府見解を貫くべきだ」一九九六年、以下「韓国統治見解」）としています。「現在の民族自立を尊重する価値観からすれば、韓国統治は遺憾であったといえる」という留保はつけていますが、当時は正当であったことについては、いささかの揺らぎもないようです。

これは、「日本会議」史観に抑制的な面があらわれているという、本書の立場と矛盾します。安倍談話も、「植民地支配」と「お詫びと反省」というキーワードが入っていることが評価されましたから、この点では日本会議と安倍氏の間には見解の相違が存在しているのでしょうか。

## ●安倍談話では植民地支配への反省は回避された

そこで、安倍談話を詳しく見てみましょう。実は、戦後七〇年に際しての安倍談話が、二〇年前の村山談話ともっとも異なるのは、植民地支配をめぐる部分の評価なのです。村山談話は、「植民地支配と侵略」を同格に置いて、反省とお詫びを表明したものです。一方の安倍談話では、次に引用する箇所からも明白なように、植民地支配も侵略も言葉として出てきますし、このふたつを今後は二度とくり返してはならないと表明されています。しかし、反省とお詫びの対象になっているのは「侵略」に限定されています。

「二度と戦争の惨禍を繰り返してはならない。

事変、侵略、戦争、いかなる武力の威嚇や行使も、国際紛争を解決する手段としては、もう二度と用いてはならない。植民地支配から永遠に訣別し、すべての民族の自決の権利が尊重される世界にしなければならない。

……

我が国は、先の大戦における行いについて、繰り返し、痛切な反省と心からのお詫びの気持ちを表明してきました。……

こうした歴代内閣の立場は、今後も、揺るぎないものであります」

談話のこの箇所をめぐっては、反省とお詫びの表明が過去の内閣の立場を受け継ぐというにとどまっており、安倍首相自身の言葉ではないことが問題だと指摘する人が少なくありません。それは大事な指摘だと思いますが、そういう見方は、この箇所の大事な注目点を見誤っていると思います。もっとも注目すべきは、反省とお詫びの対象が、「先の大戦における行い」になっていることなのです。

「先の大戦」といった場合、いつからいつまでの戦争を指すのかという問題があります。「大東亜戦争」に関する戦前の日本政府の決定をふまえるなら、一九三七年に開始された日中全面戦争以降ということですし、歴史学会の常識では三一年の満州事変以降一五年間にわたる戦争ということになります。

つまり、「先の大戦」をどう解釈するにしても、一九一〇年に始まった朝鮮半島に対する植民地支配は含まれていないのです。慰安婦問題は「先の大戦」中の行為なので含まれる可能性はありますが、植民地支配そのものは「反省とお詫び」の対象にはなっていないのです。四つのキーワードに焦点を当てることによって、村山談話が表明した植民地支配への反省とお詫びを巧妙に回避したのが安倍談話の核心だと指摘したら、言い過ぎになるでしょうか。いずれにせよこの点で、安倍談話と「日本会議」史観は、本質的に同じものだということになります。

## ●植民地支配に法的謝罪をしないのが国際水準

とはいえ、そのことをここで取り立てて問題にしようとしているわけではありません。私自身は侵略と植民地支配の双方を批判する立場ですが、国際政治においても、戦後日本政治においても、侵略と植民地支配を区別するのが常識であって、「日本会議」史観も安倍談話も国際常識のレベルだと感じているだけなのです。

植民地というのは、侵略の結果として獲得するものですから、侵略は問題にするけれども植民地支配は問題にしないというのは、一見、不合理な考え方のように思えます。しかし、次章で詳しく論じるように、侵略という概念は、とりわけそれが違法行為だという核心部分は、第一次大戦の結果をふまえて生まれ、第二次大戦に至る経過のなかで確立し、その後の議論をふまえて定着していったものです。つまり、第一次大戦以前においては、武力によって海外で領土を獲得し、植民地にする行為は、違法だとはみなされていなかったのです。

そういう事情がありますから、東京裁判においても、違法行為だとして断罪されたのは侵略行為のみでした。植民地支配は問題にされませんでした。植民地支配を違法行為だと位置づけてしまえば、裁く側にあったアメリカ、イギリス、フランスにも跳ね返ってきますので、そんなことはできなかったという面もあるでしょう。

植民地支配が違法だという考え方が確立したのは、一九六〇年に国連総会が「植民地独立付与宣言」を採択した時期でしょう。その宣言についても、植民地宗主国であったアメリカ、イギリス、フランス、ベルギー、ポルトガル、スペイン、南アフリカを含む九か国が棄権しましたから、定着するにはなお時間がかかったのです。

それにしても、植民地支配が違法になったという場合も、先ほど引用した日本会議の「韓国統治見解」が指摘するように、現在では違法だということであって、過去にさかのぼって違法だったとする考え方は、学問や市民運動の世界では存在しても、国際政治では通用しません。どの旧植民地宗主国の指導者も、過去のことに人道的な遺憾の意を表することはありますが、決して法的な謝罪をしないのは、そうした政治の現実のあらわれです。

## ●村山談話の植民地への言及は戦後政治では特殊だった

つまり、こういうことです。「先の大戦」の時期における日本の行為が問題にされる時、「侵略」という言葉は、それが使われるだけで違法性と一体のものですが、「植民地支配」はそうではないというわけです。日本政府は、日本会議の「韓国統治見解」が指摘するように、一貫してそういう立場を貫いてきました。

よく知られているように、一九六〇年に日韓基本条約が結ばれる過程で、日本の植民地支配をどう評価するかということが議論されました。日本側は、当時の国際法によって植民地支配は合法とされていたという立場を主張しました。韓国側はそれに異論を唱えましたが、結果として締結された条約では、日本の植民地支配について「もはや無効」であると規定されました。あいまいな決着だったわけですが、当時にさかのぼって無効（違法）だったと明記されなかったのですから、日本政府の言い分が認められた格好です。

政府がそうだっただけではありません。野党の側にも、侵略と植民地支配を同列に論じるような風習はあまりありませんでした。「先の大戦」を侵略だと認めるかどうかは、田中角栄首相が日中共同声明（七二年）に合意して以来、野党が常に追及してきたテーマですが、その際に日本の植民地支配をどう認識するかについてまで議論されることは、ほとんどなかったのです（皆無というわけではなかったので、あとで紹介します）。

以上のような事情がありますから、自民党の政治家にとっては、植民地支配について反省するなど、想像することもできなかったというのが現実でしょう。日本が違法な侵略をしたと認めることにも高いハードルがそびえ立っていたのですが、植民地支配はその比ではなかったのです。

ですから、村山談話で両者が並列的に扱われ、反省とお詫びが表明されたとき、私自身がびっくりした記憶があります。これが植民地支配を侵略と同じ性質の行為だと認めるということならば、私にとっては意味のあることですが、自民党の政治家の水準から乖離するのはもちろん、国際政治の水準とも異なることになります。私がそう感じたのですから、日本会議の面々や自民党の政治家の多くにとっては、まさに青天の霹靂だったのではないかと推測します。日本会議の結成も、自民党による歴史問題をめぐる各種の議員連盟の結成も、そして安倍氏が国家の指導者となることを決意した大きな理由も、おそらく村山談話のこの部分を是正したかったことに基本的な動機が存在するのではないでしょうか。

## ●韓国併合の法的有効性という見地までは変えなかった

ところで、村山首相の真意は、植民地支配の違法性を認めるというものではありませんでした。植民地支配問題にこだわりを持つ参議院議員（故吉岡吉典氏）がいて、村山談話が出された後、この問題を追及したのです。最初にこれが議論された本会議において、村山首相は次のように答弁しています。

「韓国併合条約に関する政府の立場、認識についてのお尋ねでございますが、韓国併合条約は当時の国際関係等の歴史的事情の中で法的に有効に締結され、実施されたものであると認識をいたしておりま

す」（二〇月五日、参議院本会議）

それまでの自民党の首相は、一九六五年の日韓条約を審議した国会以来、「併合条約は対等な立場、自由な意思で結んだ条約」「法的にも有効」だったと答弁してきました。村山首相の答弁は、それと変わりのないものでした。

しかし、「対等な立場、自由な意思で結んだ」という部分については、その後も議論が続きます。そのなかで村山首相は、「当時の状況から判断してみて、対等平等の立場で締結されたものではないというふうに私は考えております」（一〇月一七日、参議院予算委員会）とまで答弁しました。「法的に有効」というところは変えなかったけれども、「対等な立場、自由な意思で結んだ」という評価は変えたのです。

その後（一一月）、村山首相は、金泳三韓国大統領宛の手紙のなかで、評価をより明確にしました。「大きな力の差を背景とする双方の不平等な関係の中で、民族の自決と尊厳を認めない帝国主義時代の条約」だというものです。

ただし、「法的に有効」という部分は変わらなかったのです。欧米諸国がかつての植民地支配の合法性判断を変えない状況下で、日本だけが先を行くということは、やはり難しいということだったのでしょう。

## ●日本の植民地支配を国際水準で捉えていいのか

しかしいずれにせよ、「日本会議」史観も安倍談話も、植民地支配の部分について見ると、国際政治の水準の枠内にはあります。問題はその先にあります。日本の韓国に対する植民地支配を、国際水準で捉えていいのかということです。これは難しい問題なので、少し周辺を迂回しながら議論を展開することにします。

日韓基本条約を締結する過程で、韓国側が日本の主張に異を唱えたことを紹介しました。その際、韓国側の主張の根拠となったのは、武力で押しつけられた条約は無効だというものでした。韓国併合条約とそれに至る協定等は、日本から韓国に対して武力で押しつけられたのであって、当時から違法だというものです。

現在、武力で押しつけられた条約が違法だということは、すでに常識となっています。「条約法に関するウィーン条約」というものがあって、どんな条約は無効なのかを定めているのですが、「条約に拘束されることについての国の同意の表明は、当該国の代表者に対する行為又は脅迫による強制の結果行われたものである場合には、いかなる法的効果も有しない」（第五一条）とされているのです。朝鮮半島を植民地支配する過程で「強制」があったことは、村山首相も認めたことですから、この条約が適用されるなら言い逃れできません。

しかし、この条約が採択されたのは一九六九年で、効力を持つに至ったのは八〇年になってからです。どう計算しても、一九一〇年の韓国併合に適用されることはありません。

一方、条約が採択された時期はそうだが、この条約の考え方が二〇世紀の初めには慣習法になっていたという主張もあります。その事例としてよくあげられるのが、一九三八年のミュンヘン協定が後に「無効」と宣言されたことです。

## ●強制された条約の有効、無効をめぐる現実

ミュンヘン協定とは、ドイツとイギリス、フランス、イタリアが集まり、チェコスロバキアのズデーテン地方を三八年の一〇月以降、ドイツに割譲することを決めたものです。いわゆる「宥和政策」として知られるもので、チェコ政府に対して押しつけられました。その結果、ドイツ軍はズデーテンに侵入します。その後、ナチス・ドイツは、ミュンヘン協定さえ踏みにじり、翌年には全土を支配し、チェコスロバキアという国が消滅するのです。

イギリスに逃れたチェコ亡命政府は、三九年、イギリスとの間でミュンヘン協定が無効であることを確認します。さらにそれから三〇数年を経た七三年、西ドイツとチェコスロバキア政府が関係を正常化する条約を結び、その第一条でミュンヘン協定の無効を宣言したのでした。

この経過を見ると、強制された条約は、当時から無効だという考え方が成り立ちそうです。ドイツに学んで同じようにやれという声が出てくるのも理解できます。

しかし、欧米諸国が条約を強制して植民地にした事例はいくつもありますが、その独立に際し、アジアやアフリカを対象として条約の「無効」を宣言した事例はありません。欧米諸国にとって、二〇世紀前半にまで至るアジア・アフリカに対する植民地支配は、当時にさかのぼって違法・無効というものではないのです。

それならなぜミュンヘン協定だけが「無効」とされたのか。私なりに推測すると、ひとつには、一九三八年の時点のことですから、侵略が違法とされる過程にあったので、侵略による併合（つまり違法行為）という概念が適当であるとされたからでしょう。さらに、より根本的な理由は、ドイツの軍事行動の相手国が、国際法の外にあったアジアやアフリカではなく、主権国家とみなされていた（つまり国際法の主体であった）チェコスロバキアだったということだと思います。

欧米にとって、二〇世紀前半の時期、植民地支配は合法で、侵略は違法だったのですが、それを分ける基準は非常に手前勝手なものだったということです。相手がアジア・アフリカに対する支配なら植民地支配であって合法、相手がヨーロッパに対する支配・併合なら侵略であって違法――そんな感じだったのではないでしょうか。

## ●何千年も共存してきた仲間を支配したこと

日本の朝鮮半島支配も、相手がアジアですから、欧米基準（国際法水準）では植民地支配であって合法だということになります。当時、アメリカもイギリスも、日本の植民地支配を合法と認めました。第二次大戦後も、日本の支配の「無効」を言い立てる国は欧米にはあらわれませんでした。そんなことをしたら、自分たちのアジア・アフリカ支配の法的正当性に響いてきますから、当然のことです。

ですから、「日本会議」史観に立つ人びとが朝鮮半島の支配は当時は合法だったと主張するのは、それなりに理解できるのです。その主張を変えろと要求するつもりはありません。けれども、日本がはたして国際法の水準程度でものを考えていていいのか、そのことは問われていると思います。

欧米が植民地支配を合法だとみなしたのは、相手が文明を持たない「遅れた」地域だったからです。そういう地域を支配することに何のためらいもなかったわけです。一方、欧米諸国は、仲間内の国に対しては別の基準があって、侵略して併合することに違法性を感じてしまう。何千年も戦争をくり返してきた相手であっても、いやそういう相手だからこそ、自分と同格であることを認識しているので、支配の対象にすることをちゅうちょするわけです。

では、日本にとって朝鮮半島はどういう存在だったのか。欧米基準で見ると「遅れた」地域だから植民地支配の対象だったでしょう。しかし、日本にとっての朝鮮半島というのは、戦争をしたこともあるし、いろいろな諍いもずっとあったけれど、何千年もの間、共存してきた仲間のようなものです。そういう国を支配するというのは、ドイツのチェコスロバキア支配と同様、仲間同士の侵略・併合という性格を持っています。日本の場合、相手がアジアだったから欧米から違法性を問題にされなかったけれど、仲間内の国は支配しないという別の欧米基準に着目すると、ミュンヘン協定のように「無効」と宣言されてもおかしくない行為だったのです。

しかも、日本の植民地支配は、相手が隣国であったため、遠い地域を支配した欧米と異なり、支配が終了した後も、領土問題（竹島問題）など複雑な問題を生じさせることになりました。その解決のためにも、植民地支配の問題に対する清算は、欧米水準でとどまってはならないと思います。この点は、本章の最後にあらためて論じます。

## ●中国によるチベット支配の正当化と同じ論理だ

なお、日本会議の「韓国統治見解」は、日本の朝鮮半島支配について、法的に正当だったと主張するだけではありません。本章の冒頭近くで引用したように、「内容的」にも正当だったことを強調しています。

これを「証明」するため、「見解」は、外務省が一九五一年に作成した文書「平和問題に関する基本的立場」を引用します。そこでは次のように述べられています。

「先ず指摘したい点は、日本のこれらの地域に対する施政が決して世にいう植民地に対する搾取政治と目されるべきものではなかったことである。逆にこれらの地域は日本の領有となった当時はどれも最も未開発な地域であって、各地域の経済的、社会的、文化的の向上と近代化は専ら日本の貢献によるものであった。そして日本がこれらの地域を開発するに当っては、年々国庫から各地域の予算に対し多額の補助金を与え、また現地人に蓄積資本のない関係上、多額の公債及び社債を累次内地で募集して資金を注入し、更に沢山の内地会社が、自分の施設を現地に設けたものであった。一言にしていうと、日本の統治は『持ち出し』になっていたといえるのである」

「見解」では、これを「補強」するため、欧米の支配との違いに関するいろいろな材料を列挙します。学校をたくさん建設したこと、砂防林を造成し農業を発展させたこと、毎年多くの予算を投入してインフラを建設したこと、等々です。

これらの事実関係について、取り上げられている事実だけを純粋に見るならば、あたっている面もあると思います（反論もあるでしょうが）。しかし、そういう言葉を聞く度に私の脳裏に浮かぶのは、中国政府が発するチベットを豊かにしているのだという言い分です。毎年多額の国家予算を投入しているし、鉄道も敷設するなどインフラも整備しているし、チベットの近代化に貢献しているのだというものです。

ある地域を支配しようとすれば、それなりに予算を投入するのは当然なのです。自慢できるようなことではありません。一方、ここで考えなければならないことは、おカネまみれになったチベットは幸せなのかということです。それをチベットの人ではなく、支配する側が判断していいのかということです。同じことが日本の朝鮮半島支配にも問われているのではないでしょうか。

## 2、不平等条約の改正と韓国併合の一体性

先ほど、日本と朝鮮半島は歴史的に「仲間」だったという言葉を使いましたが、近代を迎え、植民地支配の危険にさらされていたという点でも、両者は「仲間」でした。ところがしばらく後に、日本は支配する側になり、朝鮮半島は支配される側になってしまったのです。そのことがもたらした問題をどう考えるべきでしょうか。

●独立を保ったことは誇っていい

くり返しになりますが、日本会議の設立宣言が述べているように、日本は独立を守り抜き、アジアで最初の近代国家をつくりました。日本が独立を守り抜いたことは、日本近現代史を評価する上での中心問題であり、たとえ罪責史観に立つ人であっても、ここに沈黙したり、過小評価したり、否定的に見たりすることは適切ではないと考えます。

すでに引用した安倍談話が指摘する通り、一〇〇年以上前の世界では、欧米列強が世界を植民地化していました。その「波は、一九世紀、アジアにも押し寄せ」、幕末の頃には、日本と朝鮮半島に達してきました。

当時の人びとが抱いた危機感をそのまま共有できるほどの想像力は私にはありません。また、欧米が

日本を植民地化することを狙っていたかどうかについては、いろいろな論争があるようです。しかし、東南アジアの全域がほぼ植民地とされた上に、南西からはアヘン戦争で香港を割譲させたイギリスが近づき、北からはロシア軍艦がやってきて対馬の一部を占領し、東からはアメリカの艦隊が迫ってくるという状況は、日本も植民地化されるという恐れを抱かせるには十分だったでしょう。

東南アジアは古くから日本と交流があった地域であり、植民地化されたことによって人びとがどんな状態に置かれたのかについて、それなりに正確な情報が日本にも伝わっていたはずです。「攘夷」というスローガンは現実味を欠くものでしたが、他のアジアと同じようにはならないという強い決意を当時の人びとが持ち、実際に独立を保ったことは、日本人が誇っていいことだと思います。

## ●抑圧されたアジアから共感があったのは当然

日本が欧米と肩を並べる主権国家として認められる上で、日露戦争での勝利が大きな意味を持ったことは多言を要しません。「日露戦争は、植民地支配のもとにあった、多くのアジアやアフリカの人々を勇気づけました」という安倍談話の評価は、序章で指摘したように朝鮮半島の人びとには受け入れられないでしょうが、それ以外の地域の人びとにとっては、全面的に拒絶されるものではないと思います。中国の孫文とインドのネルーの次の発言だけを紹介すれば事足りるでしょう。

（孫文）「日露戦争の結果、日本がロシアに勝った。これは、最近数百年間における、アジア人の欧州人に対する最初の勝利であった。この日本の勝利は全アジアに影響をおよぼし、アジア全体の民族はひじょうに歓喜し、そしてきわめて大きな希望を抱くにいたった」(孫文『総理全集』第二巻からの信夫清三郎・中山治一『日露戦争史の研究』による翻訳引用、河出書房新社)

(ネルー)「アジアの一国である日本の勝利は、アジアのすべての国々に大きな影響をあたえた。わたしは少年時代、どんなにそれに感激したかを、おまえによく話したことがあったものだ」「ヨーロッパの一大強国は敗れた。だとすればアジアは、むかし、しばしばそういうことがあったように、いまでもヨーロッパを打ち破ることができるはずだ。ナショナリズムはいっそう急速に東方諸国にひろがり、『アジア人のアジア』の叫びが起こった」(ネルー『父が子に語る世界歴史』第三巻、みすず書房)

現在の日本人は、アジアを侵略したことへの罪悪感が強いため(それ自体は当然のことです)、西洋諸国が日本以前にそのアジアを侵略し、日本よりはるかに長く支配してきたことを忘れがちです。アジアの人びとは欧米の支配から抜け出すことを願っていたのであって、日露戦争でアジアの一員である日本が西洋に勝利することができたということが大きな希望を持って受けとめられたことは、不思議でも何でもありません。それに代わって日本が支配者として君臨していった時代をどう評価するかという問題はあるにせよ(これは第三章で論じます)、日露戦争の時点では、アジアの人びとはそう感じたのです。

## ●レーニンも日露戦争の世界史的意義を論じた

日露戦争における日本の勝利に意義を見いだしたのは、アジアの人びとだけではありません。戦争の相手国であるロシアのレーニンも、「旅順の陥落について」という論文を書き（『レーニン全集』第八巻）、日本に高い評価を与えました。

もちろん、レーニンはロシアで革命をめざしていた人ですから、ロシアの敗北が革命につながるという、やや政治的に制約された見地での評価であることは間違いありません。しかし、レーニンの評価には、古い帝国主義が新しい帝国主義に打ち破られることの世界史的な意義という、ほかには見られない視点があります。

「しかし、なぜ、そしてどの程度に、旅順の陥落は真に歴史的な破局なのか？

まず第一に目につくのは、戦争の経過におけるこの事件の意義である。日本人にとっての戦争のおもな目的は達成された。進歩的な、すすんだアジアは、おくれた、反動的なヨーロッパに、取りかえしのつかない打撃をあたえた。一〇年まえ、ロシアを先頭とするこの反動的ヨーロッパは、若い日本が中国を壊滅させたことに不安をいだき、日本から勝利の果実を奪いとるために結束した。ヨーロッパは、旧世界の既成の諸関係と特権、その優先権、アジアの諸民族を搾取するという、長い年月によって神聖化された古来の権利を、まもった。日本が旅順をとりもどしたことは、反動的ヨーロッパにくわえられた打撃である」

これは日清戦争の後、日本が旅順を含む遼東半島を獲得したにもかかわらず、ロシア、ドイツ、フランスの三国干渉により日本がそれを断念した経過をふまえ、旅順が再び日本のものとなった意義を論じているわけです。レーニンは、この論文の別の箇所で、日露戦争のことを「古いブルジョア世界と新しいブルジョア世界との戦争に転化したこの植民地戦争」だとしています。朝鮮半島をめぐる「植民地戦争」だということは見抜いているのです。しかしそれでも、反動的なヨーロッパに対してこれまで長く抑圧されてきたアジアが挑戦し、勝利することには、古い世界秩序を打破する上での意義があるとしているわけです。

古い秩序はどこかで打ち破られなくてはならなかったのです。アジアは解放されなければならなかったのです。この点では、日露戦争における日本の勝利は、やはりそれなりの意義があったと思います。

## ●日露戦争とその後で歴史は断絶するのか

幕末に欧米による支配の危機を憂えていた日本は、日露戦争の勝利によって、欧米に伍して主権国家の仲間入りをすることになります。安倍談話では、その後の第一次大戦を経て植民地化にブレーキがかかり、世界的に戦争の違法化への努力が進むなかで、日本も当初は歩調を合わせていたのに、次第に「挑戦者」となっていったことが指摘されています。

その歴史の流れの描き方はおおむね妥当でしょう。しかし、日露戦争まではプラスの歴史で、第二次大戦に向かってマイナスの歴史になるというのは、はたして適切な評価なのでしょうか。これは、よく「司馬史観」と言われるものと似通っているようですが、司馬遼太郎本人はそれほど単純ではありませんでした。

日露戦争を描いた代表作である『坂の上の雲』は、栄光史観派からは絶賛され、罪責史観派からは忌み嫌われているように、全体として日露戦争における日本を肯定的に捉えた作品であることは疑えません。けれども、それにとどまる作品でもありません。

とりわけ最後の章が「雨の坂」と名づけられていることは印象的です。青い空に浮かぶ白い雲をめざして坂を駆け上がるのが日露戦争に至る時代だったというのが、本のタイトルに込められた作者の思いなのですが、駆け上がったその先にあったのは「雨の坂」だったというのです。

主人公の最後の描き方も印象的です。例えば秋山好古についていえば、陸軍大将にまで登り詰めたのに爵位を断り、故郷である松山で教育者として生涯を閉じることが紹介されます。また、福沢諭吉の平等思想を好んでいたこと、ロシアは社会主義になると観測し、「悪意をもって共産党の問題を考えるようでは何の得るところもない」と政府の弾圧政策を批判していたことまで指摘されています。

つまり、明示的に描かれているわけではありませんが、日露戦争に至る日本の歩みのなかに問題点があったことが、ここでは示唆されているように思えます。その問題点が、その後の日本の破滅をもたらしたことを、司馬は暗示したかったのではないでしょうか。

## ●不平等条約の改正過程を見ることの大切さ

では、日露戦争に至る過程のどこに、どんな問題があったのか。私は、日本が独立を保ったこと、日露戦争での勝利がアジアを勇気づけたこと自体は肯定的に捉えます。しかし、その独立の保ち方には大きな問題があったのではないでしょうか。独立の保ち方のなかに、日本をその後の侵略政策へと導く問題点が内包されていたということです。

それを象徴するものとして、いわゆる不平等条約に少しだけ言及しておきます。その改正過程は、独立にまつわる光と影が一体のものであったことを、よくあらわしていると思うからです。

日本が最初に結んだ不平等条約は、いうまでもなくアメリカとの間の日米和親条約（一八五四年）です。その後、和親条約が改正され、各国（イギリス、フランス、ロシア、オランダ）との間でも不平等条約を結ぶことになります（一八五八年、いわゆる五か国修交通商条約）。

近年、条約の交渉過程で幕府の代表が欧米諸国と果敢にやりあったとする研究成果が公表され、それまでの幕府＝無能説は修正されつつあります。それはそれで日本人の一人としてうれしいことですが、これらの条約がペリーのいわゆる「砲艦外交」に代表されるように、武力で押しつけられたものであったことまでは否定できません。日本が関税を自分で決めることのできない「関税自主権」の欠如、日本に駐在する外国人の犯罪を日本が裁くことのできない「領事裁判権」は、長く日本を悩ますことになります。

この不平等条約が対等なものに変わるのは、日米通商航海条約（一九一一年）を待たなければなりませんでした。実に半世紀余を必要としたのです。武力で強制された条約は無効だという考え方があることは、韓国併合条約に関連して前述しました。その考え方に従えば、韓国が併合条約を無効だと主張したように、日本も不平等条約は無効だと宣言し、廃棄するという立場をとることもできたのです。しかし、日本はそういうやり方ではなく、あくまで外交交渉によって改正するという立場をとりました。半世紀がかかったとはいえ、その交渉で対等平等の立場を勝ち取ったわけですから、当時の日本の外交力を誇ってもいいと思います。

## ●頓挫していた条約の改正が軌道に乗った理由は

しかし、不平等条約の改正は、ただ外交交渉の成果だったのでしょうか。日米通商航海条約が結ばれた一九一一年という年に注目してください。韓国併合条約（一九一〇年）の次の年です。日本が韓国を植民地として支配したことと、日本が独立を確かなものにしたことが、なぜほぼ同時期だったのでしょうか。その両者の間には、ただ時期が同じだったというだけでなく、政治的な関係はなかったのかということを、少したどってみたいと思います。

五か国修好通商条約の規定では、一八七二年（明治五年）からは条約の改正ができるようになっていました。そのため明治政府は、早くから改正のための調査を開始し、方針を定めていくことになります。そして、七四年には改正案を作成し、交渉を開始することになるのです。

これ以降の条約改正交渉の経過、内容、意義については膨大な研究が存在します。欧米の厚い壁を打ち破ろうとして、最初の方針でうまくいかないと新たなものに変更したり、個別交渉が失敗すると五か国全体との会議方式へと切り替えたりするなど、日本側が払った努力は本当に涙ぐましいといえるものです。欧米側のなかには、平等な条約にするつもりがないどころか、日本に隙あらばもっと不平等なものにしようとする意図もあったわけですから、日本の努力の真剣さには頭が下がる思いです。

けれども、どんなに交渉しても、なかなか欧米の合意が得られない時期が続きます。頓挫していたと言っていいくらいです。そこに変化が見られるのは、ようやく一八九〇年代になってからでした。その背景には何があったのでしょうか。

### ●イギリスが条約改正に応じた理由

不平等条約の問題点である領事裁判権、関税自主権のうち、前者が撤廃されたのは一八九四年、イギリスとの日英通商航海条約が最初でした。その後、他の国との間でも、同様の条約が結ばれます。

イギリスは、欧米列強のなかでは、それまで不平等条約の改正にもっとも熱心ではない国でした。そのイギリスが、なぜ率先して条約の改正に踏み切ったのか。この問題の研究者は、その事情を次のように述べています。

「一八九一年からのシベリア鉄道の敷設を契機に、東アジア国際政治の基調は再び英露対立となっていた。イギリスは植民地獲得をめぐってフランスとも競合関係にあり、フランスはロシアに接近していた。こうした状況は、日本の条約改正要求への宥和的な姿勢をイギリス政府が共有することには役立った。しかし、ロシアの進出は日本にとっても脅威となった。さらに、前述のように日本は条約改正の方針として対英交渉を先行させた。したがって、改正交渉においては、条約改正問題に対するイギリスの利害が比較的忠実に投影されたと考えてよい」（五百旗頭薫『条約改正史』有斐閣）。

一八八〇年代にも、朝鮮半島の利権をめぐって、イギリスとロシアの争いがありました。その頃からイギリスのなかでは、日本を利用してロシアに対抗しようとする動きがあったようです。八四年一二月、イギリス政府に近い「ロンドン・タイムス」は、「(ロシアと対抗するという)目的を一挙に達成する手段として、イギリスは日本の条約改正要求に積極的に」なるべきだという社説を掲げていたとのことです（井上清『条約改正』岩波新書）。日本の求めに応じて条約を改正すれば、ロシアの極東への進出をおさえることができるという思惑が生まれたということです。

とはいえ、八〇年代においては、極東の利権はほぼイギリスが掌握していました。ロシアといえども、極東に至る主要な経路は、バルト海から大西洋に出て、インド洋を通ってくるものでした。フランスもドイツも同じでした。イギリスは、他国を寄せ付けない力を持っていたのです。

しかし、ロシアによる一八九一年のシベリア鉄道の建設開始は、その構図に劇的な転換をもたらす可能性を秘めていました。しかも、九二年、ロシアとフランスが軍事同盟を結び、ドイツとの間でも後の三国干渉につながるゆるやかなブロックがつくられ、イギリスに対抗しようとしていました。

イギリスが日本の条約改正要求に応じたのは、こうした事情の産物だったのです。ロシアの極東進出に対抗する上で、誰かを仲間に引き入れなければならないという、非常に切迫した事情を抱えていたのです。

### ●日本もイギリスの求めに応じられる力を持つに至った

しかし、それだけでは日本を味方につけるだけの理由になりません。日本がロシアなどに対抗する意図があり、打ち負かすだけの力を持っていなければ、条約改正に応じたとしても、イギリスにとって何の得にもなりません。

日本には、その意図があり、力もつけてきました。まず一八七五年、日本の軍艦が江華島沖で韓国側と交戦する事件が起き、翌年、再び軍艦を送って日朝修好条規を結び、韓国を開国させます。これは、日本の治外法権を定め韓国には関税自主権を与えないもので、日本が欧米と結んだ不平等条約と同様のものでした。韓国では、八二年の壬午軍乱に続いて八四年に甲申事変が起こり、日本の守備隊は清国軍隊に敗北します。韓国を屈服させる力はあったけれど、清国に勝つだけの力はなかったわけで、その後の日本は軍備拡張に全力をあげることになります。

九〇年代になると、日本の軍備はかなり整ってきました。九〇年末に開会された第一回帝国議会において、山縣有朋首相は、国境を接する地域を「利益線」と名づけ、日本の領土を示す「主権線」とともに防衛することが必要だとする考え方を打ちだしました。朝鮮半島を「利益線」にするということです。

九四年春、朝鮮半島で甲午農民戦争が起き、韓国政府はそれを鎮圧するため清国に軍隊の派遣を要請します。日本とイギリスはただちに会談し（五月二日）、朝鮮半島情勢にどう対応するのか、懸案の不平等条約改正をどうするのかを議論します。

その結果、イギリスは、ロシアの朝鮮半島への進出を防ぐという目的で、日本が軍隊を派遣することを承認します。六月四日に出兵が開始され、七月末に日清戦争が始まるのです。この経過のなかで、七月一六日、領事裁判権を撤廃した日英新条約が調印されるのです。

この経過から明らかなように、日本の不平等条約の改正と朝鮮半島への支配は、時期的に同じだというだけではありません。政治的に深く結びついたできごとだったのです。日清戦争に勝った日本は、その後、朝鮮半島への支配を強め、日露戦争（一九〇四～五年）に勝利することによって、韓国併合（一九一〇年）に突きすすんでいきます。こうして、清国だけでなく欧米列強の一員であるロシアにも勝利することで、関税自主権も回復する条約改正が成功し（一九一一年）、日本は独立を確固としたものにして、欧米列強の仲間入りをはたすアジアで唯一の国になることができたのでした。

## ●独立を誇れば誇るほど抑圧したことに思いを馳せる

要するに、日本が独立を保ったという栄光の歴史は、日本が韓国の独立を奪うという負の歴史と一体のものでした。不平等条約が改正されたのは、日本のいろいろな外交努力の成果もあるのですが、根底にあるのは、日本が韓国を植民地として支配できるだけの「力」を持ったことにより、ようやく欧米から主権国家だとみなされたということです。当時の欧米諸国のアジアに対する見方というのは、そういう水準のものだったのです。

ですから日本は、独立を保ったということを誇りに思えば思うほど、その影には韓国を抑圧した歴史があったことに思いを馳せなければならないのです。日本会議の「七〇年見解」や安倍談話のように、光と影の両方があるのだというだけでは、現実を正確に捉えることにならないのです。

欧米程度の国に成り下がる以外に、日本が独立を保つことはできなかったのか。他の道はなかったのか。その問いに答えるのは難しいことです。

当時の世界の現実を見れば、それ以外の選択肢は存在していなかったように思えます。欧米の抑圧に抗して独立を保ったのは、せいぜいタイのように、列強（タイの場合はイギリスとフランス）の間に挟まれた緩衝地帯だけでした。そのタイでさえ、不平等条約を結ばされており、完全な独立国とはいえなかったのです。

もし、何らかの可能性があるとすれば、アジアの国々が協力して欧米に立ち向かう道だけだったでしょう。実際、日本と清国が最初に結んだ日清修好条規（一八七一年）は対等な条約であり、しかもそこでは「両国好を通せし上は、必ず相関切す。若し他国より不公及び軽藐する事有る時、其知らせを為さば、何れも互に相助け、或は中に入り、程克く取扱ひ友誼を敦くすべし」（第二条）として、何らかの事態では相互に援助し合うことが定められました。これは大事な考え方だったと思いますが、欧米諸国を相手に同盟することを宣言したようなものであり、欧米のはげしい反撃にさらされます。そして、日本はこの立場を貫き通すことはできず、やがては中国を相手とする戦争に向かっていくのでした。

## 3、日韓の政治問題を解決するために

もう一〇〇年以上前のことを、なぜこんなに書いてきたのか。「日本会議」史観の問題点をあげつらいたいからではありません。過去の植民地支配をどう捉えるかが、現代の問題を解決する上で、決定的に重要だからです。日本会議の人びとが「いつまで謝罪をくり返すのか」と怒りをあらわにする気持ちは理解できなくもありませんが、それよりも過去の問題への謝罪を効果的に使うことによって、現在の問題を解決することを考えてほしいからです。日本会議にせよ安倍晋三氏にせよ、歴史家ではありません。政治の世界で何事かを成し遂げようとしています。それなら、自分の主張が目の前の政治問題の解

決にとってどんな意味があるのか、そこを考え抜いて歴史問題でも発言すべきでしょう。

## ●慰安婦問題がなぜ韓国との間で解決しなかったのか

これまでは慰安婦問題が日韓の争いの代表格でした。日本軍の慰安婦になったのは、フィリピンやインドネシアにも例がありますし、日本人もいます。そのなかでなぜ韓国だけが大きな政治問題になってきたのかといえば、植民地とされたことと無縁ではありません。

戦場で慰安婦とされたこと自体、家庭の貧しさを少しでも軽減するなどの目的が果たされたとしても、女性たちにとって苦痛に満ちたことだったと思います。とはいえ、当時の日本（朝鮮半島も含む）の社会的風潮を考えると、その女性たちにわずかでも救いがあるとすれば、「お国のために役立っている」ということだったでしょう。ところが、敗戦の日が来てみると、朝鮮半島出身の女性だけは、自分が祖国のために身を捧げてきたのではないと思い知ることになるのです。そして時間が経過し、世界的にも植民地支配は許されないという考え方が確立するにつれ、自分の過去を悔やむ気持ちが強くなってきただろうことは容易に推測できます。

日韓条約五〇年目の年が終わろうとしていた二〇一五年末、日韓外相が会談し、慰安婦問題を最終的に解決するための合意ができたのは、大変うれしいできごとでした。もちろん、二〇年以上にわたって日韓が対立し、亀裂を深めてきた問題ですから、この合意では満足できないとする声が、日韓の双方で出てくることは避けられません。

しかし、慰安婦の誰一人問題の解決を目にせぬまま亡くなるということになれば、より大きなしこりが残りつづけることになります。この合意を土台として大切にし、解決に向かわなければなりません。そのためにも日本側は、植民地支配の時代のことを実際にも忘れることなく、さらに忘れていないということを伝えつづけなければならないと思います。そうすることが最終的な問題の解決につながっていくのだと思います。

## ●一九世紀以前、竹島の領有権は明確でなかった

慰安婦問題が解決に向かうとすれば、韓国とのあいだで残された大きな問題は、あとは竹島問題だけということになります。これこそ植民地支配と密接にかかわっており、この問題への認識と対応が問われることとなります。植民地支配に対する認識が国際水準にとどまったままでは、竹島問題は膠着したままになるでしょうから、真剣な対応が求められます。

ある領域がどの国に帰属しているかということが、一九世紀以前に誰の目にも明白であれば、領土問題というものは存在しません。たとえ無人島であっても、瀬戸内海の島々が日本のものだということには、誰も異議を唱えないのと同じです。

竹島をめぐっては、日本も韓国も、一九世紀以前から自国の領土だったと主張し、それを裏付ける証

拠もあるとしています。しかし、竹島というのは、昔の未熟な造船・航海技術では命をかけた何日もの航海が必要な場所でしたが、それにしては経済的な価値は低く、せいぜい両国を往来するための目印として知られる程度でした。過去の文献に記述があるといっても、竹島が手放せない自国の領土だというほどの確固とした認識は、両国ともになかったと思います。日本側についてみても、明治政府が竹島を「本邦とは無関係」と指示したことがあります（一八七七年）。

だからこそ両国とも、二〇世紀前後になって、領土確定のための新しい方式が定着するようになると、新しい方式にしたがって竹島の領有権を主張するようになるのです。その新しい方式が、植民地の領有ということと密接にかかわっているので、竹島問題は複雑なのです。

## ●「先占」は帝国主義の論理ではあるけれど

その新しい方式とは、国際法で「先占」と呼ばれているものです。読んで字のごとく、「先」に所有の意思を宣言し、実際に「占」有した国、すなわち実効支配した国が、その土地を自分のものにできるという考え方です。

この考え方は、一九世紀になって力をつけた欧米列強が、アジア、アフリカの広大な土地を植民地として獲得するための論理だったといえます。スペインやオランダが世界の海を支配していた一六世紀とは違って、一九世紀になると、主要な帝国主義国が世界に進出を開始し、競争が開始されてくるので、新しいルールが必要とされました。ある土地を「発見」し、自分のものだと宣言するだけで領土となるのでは、造船と航海の技術で歴史的に先行した特定の国だけに有利になるとして、宣言することにくわえて、実際にその土地を実効支配できるだけの力があることをも基準にしたということです。力のある国を優先する考え方です。

しかもこれは帝国主義の論理そのものです。そこに人が住んでいようがいまいが、国家があろうがあるまいが、欧米列強が「ここは欧米並みの主権国家とはいえない」と判断すれば、「先占」を実行して自国の領土にしてしまうわけですから。アフリカやアジアの広大な土地が、そうやって欧米の植民地とされました。

ただし、そこに本当に誰のものでもなく、誰も住んでいない土地があったとすれば、「先占」には合理的な面もあるように思えます。その土地をどこかの国が領有するとすれば、何らかの基準が必要だからです。「先占」は実力本位の考え方ですから、遠く離れた島に行く造船・航海技術に劣っていたり、そういう土地に長年にわたって住み続けるだけの力のない国に不利なことは確かです。とはいっても、「先占」以外の方法を考えつくのが難しいことも事実です。

## ●日本側の行為は「先占」の要件を満たしている

いずれにせよ、二〇世紀前後に、そういう考え方が定着していました。そして日韓両国の手が届くところに竹島があったというわけです。

当時、造船・航海技術も発展し、竹島への渡航は命がけというようなものではなくなり、それにつれて島の経済価値も上がってきます。一九〇三年から島根の漁民が竹島でアシカ猟を開始したのですが、領有権が明確でないと争いが起きると思ったのでしょうか、〇四年九月、竹島を日本領にしてそれを自分に貸し出してほしいと外務省に願い出ます。

〇四年といえば、日露戦争が開始された年です（〇四年二月）。翌〇五年、バルト海からはるかアフリカを回ってやってきたロシアのバルチック艦隊との間で、日本海海戦（五月）を迎えようとしていました。バルチック艦隊を発見するためには、いろいろな場所に物見櫓を建てたりしなければなりません。その時、誰も実効支配をしていない竹島が目の前にあれば、自分のものにしようと思うのは自然なことです。

日本政府は〇五年一月、竹島を隠岐島の所管とすることを閣議決定しました。翌二月、島根県知事は、竹島が隠岐島の所管となったことを告示します。これが「先占」でいう所有の意思の宣言にあたります。

その上で日本は、実際に竹島に物見櫓を建てたり、海底ケーブルを敷設したりします。戦争が終わると、島根の漁民はアシカ猟に励んだそうです。そのアシカ猟には課税もされましたから、そういう行為を通じて、日本政府が支配を及ぼした（実効支配をした）といえます。その過程で、韓国から異論が出されることはありませんでした。「先占」の要件は満たされているように見えます。

## ●韓国側は「先占」の要件を満たしていない

しかし、領土問題は複雑です。誰が見ても日本の主張が一〇〇％正しいなら、問題はこれほど大きくなりません。相手にも言い分があって、そこにも多少の理があると思えるから、世界中が日本になびくことにはならないのです。

韓国もこの時期、日本のように国際社会の仲間入りをしたいと願っていました。一八九七年に創建された大韓帝国は、中国の冊封体制から抜けだして、自主独立の主権国家となることをめざしたものです。その大韓帝国の皇帝は、一九〇〇年に出した勅令で、竹島を行政区域として認めていたというのです。

このときに勅令で名づけられた島は、正確には石島ですが、それが竹島だというのが韓国側の言い分です。日本側は、突如として石島が竹島だといわれても信用できないと主張していますが、この海域にある石の島といえば竹島しかないことも事実です。そうなると、日本より五年も前に所有の意思を宣言したことになります。

とはいえ、これでは「先占」の要件を満たしたことになりません。すでに見たように、「先占」とは所有の意思を宣言するだけではなく、実効支配をすることが不可欠なのです。一九〇〇年の宣言以来、韓国側が竹島の実効支配のために何らかの手を打った記録は残っていません。

それだけではありません。一九〇六年、島根県の役人が鬱陵島に立ち寄った際、韓国の役人に対して竹島を領有したことを告げたそうで、その報告を受けた韓国政府はもっと調査するよう指示をしたとされますが、その後、韓国側から抗議することもなかったのです。

こうして、竹島の領有権に関する日本側の主張は、法的な要件は満たしていると思います。領有権で大事なのは法的な要件ですから、日本側に分があるのです。

## ●植民地支配の過程で竹島を領有したことは事実

ただし、日本側が正しいといくら大きな声で叫んでも、問題は少しも解決しません。韓国側の主張をよく飲み込み、それに対応して問題を提起することが求められます。そして、日本側の対応に当たって核心となるのが、竹島を支配したことと、朝鮮半島全体を支配したことの間には、質的な差異があると言えるかどうかということだと思います。

韓国側の主張の基本は、竹島は日本が朝鮮半島を植民地として支配する皮切りに奪った島であって、戦後、朝鮮半島を放棄することになったわけだから、そのなかに竹島も含まれるのは当然だというものです。実際、竹島の領有と朝鮮半島全体の支配は、平行して進められました。

日本は、日露戦争の開戦と同じ月（〇四年二月）、韓国への忠告権などを盛り込んだ日韓議定書を締結し、さらに八月には第一次日韓協約を締結することにより、日本が指定する財政、外交顧問を韓国が任命する仕組みをつくりました。翌〇五年一月に竹島領有を閣議決定した日本は、日露戦争の勝利（九月）を受け、一一月には韓国の外交権を完全に掌握する第二次日韓協約を締結し、翌〇六年には統監府を置いて韓国を「保護国」にします。こうした動きに不満を持った韓国皇帝高宗は、〇七年六月、オランダのハーグで開かれていた国際会議に密使を送り、日本の非道を訴えますが、帝国主義列強には相手にされません。高宗の行為を怒った日本は、皇帝を退位させるとともに七月、韓国の内政権をも全面掌握する第三次日韓協約を結び、韓国併合条約（一〇年）へと突きすすんでいくのです。

こうした一連の動きのなかで、日本は、竹島も朝鮮半島も支配することになりました。ですから戦後、朝鮮半島は返還する対象になったけれども、竹島は返還の必要がないということについて、説得力ある論理が必要なのです。

日本側の主張は、竹島は国際法の「先占」の論理で領有し、朝鮮半島は韓国併合条約で植民地として支配したのであって、依拠した国際法は異なるけれど、両方とも合法だったというものです。そして、植民地を放棄することにしたけれど、竹島は植民地ではないというものです。しかし、「先占」にしても、もともとは植民地獲得の論理ですから、植民地支配を正当化している限り、両者の違いは鮮明になりません。

## ●植民地支配の問題に踏み込んでこそ解決の道が開ける

現在の世界において、領土問題を武力で解決することは許されていません。解決できるとすれば外交交渉しかありません。しかし竹島問題をめぐって韓国の世論は硬直しており、もし韓国側が交渉に応じてくるとすれば、韓国の人びとの気持ちが和らいでくる時だけです。

やはり大事なことは、朝鮮半島を植民地支配したことがどう問題だったのかを明らかにし、韓国の人びとに提示していくことでしょう。違法だった、無効だったと認めないまでも、何らかのかたちで植民地支配への反省とお詫びを表明し、韓国の人びとの気持ちを溶かしつつ、竹島は問題の性格がそれと異なることを語っていかないと、両者の違いは明確になってきません。

村山談話は、その可能性を秘めたものでした。しかし、当時の村山内閣は、植民地支配に対して新しい立場を打ち出したにもかかわらず、その立場を戦略的に使い、竹島問題にアプローチすることをしませんでした。反省とお詫びで精一杯だったのでしょう。

日本会議にとっても、当時の自民党議員にとっても、村山談話というのは、社会党の首相が勝手なことをしていると映っていたのかもしれません。そういう視点で見ているから、自民党政権になったら、もとの立場を復活させようという人が多かったのでしょう。実際、安倍談話によって、植民地支配への反省は逆戻りしました。

しかし、逆戻りしたままでは、竹島問題は解決に向かいません。植民地支配の合法性にしがみついたままであるとしても、国家として最小限の責任を明確にし、反省とお詫びは表明すべきなのです。

●慰安婦問題での合意をつくりだした立場で

日本には法的な責任がないとする枠内であっても、いろいろな工夫をして問題の解決につなげられることは、実例によって明らかです。昨年末の慰安婦問題での合意は、まさにそのようなものでした。慰安婦問題をめぐっては、法的責任を認めろとする韓国側と、法的責任はないので人道的責任に止めるとする日本側の間で、埋められない壁がありました。しかし、昨年末の合意は、そこを「責任」とすることで乗り越えました。

村山内閣時代につくられたアジア女性基金は、慰安婦に渡す「償い金」に民間からのカンパを充てることによって、日本の法的責任を回避するという思惑が表に露骨に出てしまったため、韓国側が受け入れることになりませんでした。昨年末の合意で、全額を税金として韓国側に供与するという決断をしたことは、法的責任を認めないという建前の枠内であっても、運用面では多くのことが解決できることを示しています。

日本政府にはそういう決断ができるのですから、竹島問題でも同様のことができるはずです。村山談話の水準を覆すのではなく、それを戦略的に利用するのです。植民地支配問題での反省とお詫びを韓国側に提示し、竹島問題の解決につなげるという発想に立つべきです。

植民地支配について日本が強く反省していることが伝わり、韓国の人びとの気持ちを和らげてこそ、ようやく竹島問題での日本の主張に耳を傾けてもらえる環境ができます。そうして、和らいだ気持ちを持った人びとに対して、朝鮮半島は不平等な力関係を背景に支配したけれど、竹島は国際法の「先占」の考え方で獲得したものだと主張してこそ、共通の議論のベースができるのです。

植民地支配についての認識を深めないままでは、竹島問題は動きません。それは国益に反することです。日本会議にも日本政府の指導者にも、現実政治に責任を少しでも負おうとするなら、ただただ歴史観にしがみつくというのでなく、そこを真剣に考えてほしいと思っています。

次章からは、一九三一年に開始され、四五年に終了する「先の大戦」、アジア・太平洋戦争が主題となります。この時期のことは、戦後の東京裁判でも問題となりました。東京裁判に法的正当性があったかどうかという、裁判固有の問題は第四章で扱います。第二章、第三章の主題も東京裁判と無縁ではありませんが、第二章で扱うのは、日本の戦争が侵略だったのか自衛だったのかということであり、第三章は、日本の戦争にアジア解放という要素があったのかということです。

第二章

# 侵略の定義は日本がつくったようなものだ

いうまでもなく日本会議は、日本の戦争は自衛戦争だったという立場をとっています。何回か引用している日本会議の「七〇年見解」も、以下のように主張しています。

「ごく当たり前のことだが、普通の社会生活における争いごとでも一方の側を完全な誤りと決めつけられないのと同様、わが国の行為のみが一方的に断罪されるいわれはない。外交は常に相手国があってのものである。ましてや大東亜戦争は、米英等による経済封鎖に抗する自衛戦争としてわが国は戦ったのであり、後にマッカーサー連合国軍最高司令官自身もそのことを認めている」

一方、安倍談話は、この時期の日本を全体として否定的に描いています。それ以前の時期に国際連盟が創設され、戦争を違法化する不戦条約が結ばれたことを指摘した上で、次のような描写がされます。

「当初は、日本も足並みを揃えました。しかし、世界恐慌が発生し、欧米諸国が、植民地経済を巻き込んだ、経済のブロック化を進めると、日本経済は大きな打撃を受けました。その中で日本は、孤立感を深め、外交的、経済的な行き詰まりを、力の行使によって解決しようと試みました。国内の政治システムは、その歯止めたりえなかった。こうして、日本は、世界の大勢を見失っていきました。

満州事変、そして国際連盟からの脱退。日本は、次第に、国際社会が壮絶な犠牲の上に築こうとした『新しい国際秩序』への『挑戦者』となっていった。進むべき針路を誤り、戦争への道を進んで行きました」

ただし、この談話にあるように、「欧米諸国」による経済圧力を「力の行使によって解決しようと」したということは、それを肯定的に捉えるなら、日本会議の「七〇年見解」にある「米英等による経済封鎖に抗する自衛戦争」という考え方と響き合ってはいます。安倍談話はここで「自衛」という言葉を使っていませんが、同時に「侵略」の用語を使っていないことも、何らかの意味がありそうです。

そこで本章では、日本の戦争が侵略だったのか自衛だったのかという問題を、包括的に取り上げたいと思います。最終的には、国際的な侵略の定義は、日本のあの戦争を侵略だと明確にする目的でつくられたことを証明したいのですが、そのためには遠回りの基礎的な作業が必要となってきます。

## 1、侵略の定義は難しいが存在はしている

### ●経済圧力への武力対抗を正当化する考え方は存在していた

日本会議が「経済封鎖に抗する自衛戦争」だと主張しているということは、侵略とその対概念としての自衛ということを、どう定義するのかということにかかわる問題です。経済封鎖をされたとして、それに対して武力で立ち向かうことが許されていたのか、現在はどうなのかということです。

一方の安倍首相は、「侵略の定義は定まっていない」という決まり文句を、よく使います。最初に有名になったのは、「侵略の定義は学界的にも国際的にも定まっていない。国と国との関係でどちらから見るかで違う」という、参議院予算委員会における発言でした（二〇一三年四月二三日）。安倍談話が発表された記者会見でも、同じ考え方が強調されました。これも、経済封鎖に対して自衛権は発動でき

るのかという、日本会議と同じ問題意識からくるものです。

現時点において、それが許されると主張する人は、おそらく皆無ではないかと思われます。自衛権というのは、何らかの武力が行使されたことに対して、やむをえず実力で立ち向かうことであるというのが、現在、普遍的な考え方になっているからです。

しかし、第二次大戦当時はまだ、外交的、経済的な圧力を軍事的な圧力と似たようなものとみなす考え方があったと思います。経済や外交の面での圧力に対しても武力で対処するのを正当とする考え方です。そこに変化が生まれ、急速に発展しつつはありましたが、そういう考え方を侵略とみなし、それを犯罪として罰するほどの新しい考え方が確立し、定着するには至っていなかったというのが、リアルなものの見方だと思います。

例えば、満州事変に際して国際連盟がリットン調査団を送り、報告書を作成しました。日本の国際連盟脱退につながるものだったので、日本に一方的に不利な内容だったと思われがちですが、そうではありません。もちろん報告書は、満州国は承認できず、日本軍は撤退すべきことを求めています。しかし、その上で、日本の満州権益は尊重されるべきであるとし、一方が武力を行使し、他方が不買運動など経済力を行使しているようでは、この地域に平和は訪れないとするような内容も含まれていたのです。武力の行使と経済力の行使を同列視していたわけではありませんが、まったく性格が異なるという認識だったわけでもないのです。

この問題はきわめて複雑に展開します。そこで、侵略と自衛が国際政治の場でどう議論されてきたのか、その経緯を振り返っておきたいと思います。そういう基礎的な作業がないと、日本会議の主張に立ち向かうこともできません。

## ●侵略の定義を定めるための戦前の努力

侵略が定義され、犯罪として裁くことが決まるまでには、長い道のりを必要としました。侵略という概念が国際政治にあらわれたのは、一九一九年のことです。第一次大戦の戦後処理を決めたベルサイユ条約のなかで、現在使われているような意味を持って、初めてこの言葉が使われました。

「同盟および連合国は、ドイツ国およびその同盟諸国の侵略（aggression）によって強いられた戦争の結果、同盟および連合国政府、またその諸国民の被った一切の損失および損害について、責任がドイツ国およびその同盟国にあることを断定し、ドイツ国はこれを承認する」（第二三一条）

ただし、この条項は、悪名高い賠償条項でした。賠償を払わせるため、ドイツが侵略した国で国民が損失を被ったという論理を組み立てたものです。侵略を犯罪だとするような考え方は確立していなかったため、ヴィルヘルム二世の起訴は、第四章で述べるように、侵略とはまったく異なった理由で行われたのです。

それ以降、国際社会は、侵略を裁くためにいろいろな努力を払ってきました。ベルサイユ条約は、戦後処理を定めた上に、国際連盟の規約でも合意したのですが、それによると連盟の目的は「各国の領土保全及び現在の政治的独立を尊重し、かつ外部の侵略に対し之を擁護する」（第一〇条）ことにあるとされます。ただし、侵略の定義は明確ではなく、侵略を裁くための拘束力ある仕組みもつくられませんでした。

一九二八年には「戦争放棄に関する条約」（パリ不戦条約あるいはケロッグ・ブリアン条約）が締結され、「国際紛争解決のため戦争に訴えることを非とし、かつその相互関係において国家の政策の手段としての戦争を放棄する」（第一条）ことが宣言されます。条約の審議過程では、各国が自衛権を有していることが確認されたので、この条約によって禁止されたのは侵略戦争であって、侵略とは自衛の対概念だという理解が広がりました。侵略の定義に一歩だけ近づいたといえますが、侵略を裁くことは条約上は明白ではありませんでした。

## ●戦後の一時期も「経済侵略」という考え方があった

第二次大戦後に結成された国連は、すぐに侵略を犯罪とする裁判所の設立に向けた議論を開始します。侵略を阻止することが国連の基本的な仕事だと思われていたのですから、当然のことです。それは、国連総会のもとに設置された「侵略の定義の問題に関する特別委員会」で行われました。

防衛法制史に詳しい宮崎弘毅氏（元陸将補）によると、五五年に委員会に出された文書では、「侵略を武装侵略（軍隊の使用）、間接侵略（破壊活動、内乱幇助、武装部隊援助）、経済侵略、思想侵略に区分して検討を行った」とされています（宮崎「防衛二法と自衛隊の任務行動権限」『國防』五三年一月号所収）。

戦後一〇年も経っているのです。その時点において、「経済侵略」も「侵略」と同じカテゴリーで議論されていたわけです（思想侵略は米ソ冷戦を象徴するものであって戦後に固有のものだと思われます）。一九四〇年を前後した時期、欧米の経済封鎖に対して武力で対抗することを「自存自衛」とした日本の考え方は、国連が結成された戦後においてさえ、まったく荒唐無稽というわけではなかったことが分かるでしょう。

こういう状況ですから、侵略の定義をどうするかでまとまらないのは当然です。委員会の議論は沙汰止みになり、その後の長い間、裁判所をつくるという議論自体がされませんでした。

国連総会の場においても、当時、似たような議論がされています。国連憲章は「武力の行使」を包括的に禁止したわけですが、その武力の行使には経済的な圧力も含むのかという議論が、主に途上国から出されたのです。大国が本気で経済圧力をかければ、途上国はひとたまりもないという現実がありました。また、憲章で使われている「武力の行使（use of forse）」という用語が、英語の文脈では必ずしも軍事力の行使だけを意味するものではなかったので、できるだけ幅広く解釈しようとしたわけです。

## ●国連総会「侵略の定義」決議の中心点

しかし、経済圧力までも「武力の行使」とする考え方は、七〇年代半ばに消え去ります。日本会議のように、経済圧力を受けた場合に自衛権が発動できるという主張は、通用しなくなるのです。なぜかといえば、一九七四年末、国連総会において、「侵略の定義」と題する決議が満場一致で採択され、侵略とは何か、自衛とは何かが明確になってきたからです。

「侵略の定義」決議は、冒頭に次の規定を置いています。

「第一条(侵略の定義) 侵略とは、国家による他の国家の主権、領土保全若しくは政治的独立に対する、又は国際連合の憲章と両立しないその他の方法による武力の行使であって、この定義に述べられているものをいう。

第二条(武力の最初の使用) 国家による国際連合憲章に違反する武力の最初の使用は、侵略行為の一応十分の証拠を構成する。……」

国際連盟規約で連盟の任務を「各国の領土保全及び現在の政治的独立を尊重し、かつ外部の侵略に対し之を擁護する」(第一〇条)と決めたことは紹介しました。「外部の侵略に対し」、「各国の領土保全及び現在の政治的独立」を擁護するのが連盟の任務ということですから、侵略とは「各国の領土保全及び現在の政治的独立」に対する侵害だというのが、連盟規約がいわんとすることでした。「侵略の定義」決議の第一条は、まさにそれと同じ構造なのですが、「(各国の)領土保全若しくは政治的独立」に対する「武力の行使」を侵略だと明確にしたものです。「武力の行使」という要素を重視したということです。しかし、戦争というのは、お互い「相手が武力を行使した」と言い合うものですから、それだけでは意味がよく伝わりません。それに答えを出しているのが第二条です。「武力の最初の使用は、侵略行為の一応十分の証拠を構成する」として、最初に「武力の行使」をすることを侵略行為だと定義したのです。「一応十分の（prima facie）」というと弱い表現のようですが、国際法的には、反証がされないかぎり事実の立証に十分だということを意味します。

「侵略の定義」決議は、これに続いて、武力の行使とはどんな行為なのかを認定しています。「一国の軍隊による他国の領域に対する砲爆撃、又は一国による他国の領域に対する兵器の使用」など七つの行為です。これらの行為を「最初に」行うことが侵略だということです。

これら七つの行為は、どれも軍事力、兵力を使う行為です。経済封鎖、経済圧迫などはひとつもありません。経済的な圧力も武力行使とみなせるとか、経済封鎖に対しても自衛権を発動できるとか、そんな規定はどこにも存在していません。

## ●「意図」を侵略の判断要素とするかでの対立を克服して

「侵略の定義」決議は、すんなりと決まったわけではありません。この決議を議論した国連総会には三つの草案が出されました。アメリカや日本を含む西側案、ソ連などの社会主義国案、非同盟諸国案です。そして、この議論の展開次第では、経済侵略という考え方が残る危険性もありました。

三つの草案で最大の対立点は、先制攻撃を侵略の決定的な要素とみなすのか、それともひとつの要素とするのかでした。非同盟案とソ連案は、先制攻撃を侵略の「唯一の客観的な基準」「基本的な要素」とする立場からのものでした。一方、西側案は、侵略がどうかの認定に際して、先制攻撃かどうかにくわえて、その「意図」がどうであったかも重要な要素とするものでした。

「意図」を侵略かどうかを判断する要素としてしまえば、意図がよければ侵略ではないということにもなりかねません。「先の大戦」に即していえば、自存自衛でやむにやまれぬ武力行使だったのだと弁明すると、先に手を出しても侵略にならないということです。こういう要素を含む西側案に対しては、非同盟諸国やソ連などから、きびしい批判が相次ぎました。西側のなかでも、フランスは、意図を要素にしてしまえば侵略を許す抜け穴になる、と指摘しました。

この結果、採択された「侵略の定義」は、「意図」にはまったく言及していません。「最初の武力行使」が「侵略行為の証拠」なのだとして、先制的な武力攻撃こそが侵略なのだと明確に述べています。国連総会の一致した結論としてここに到達したことは、大きな意味があったといえます。

## ●「侵略の定義」決議の問題点

さて、こうして国連総会で侵略の定義はできあがりました。米ソ冷戦のまっただ中であり、目の前ではアメリカがベトナムを侵略し、ソ連がチェコを侵略するという現実のなかでしたから、実際にこの決議がどれだけ有効性があるのかという問題はありました。

それでも決議が採択されたのは、アメリカやソ連などの大国に侵略される国が結束し、自分たちに対してこういう行為がされれば侵略だと明確にすることにより、侵略を抑止しようとしたのだと考えられています。一九六〇年を前後して植民地から独立した国々が大挙して国連に加盟し、数でいうと圧倒的多数を占めるようになっていました。しかも、大国の侵略を受けるのもそういう開発途上国だったので、数で物事が決まる国連総会の場で団結して行動するようになっていたのです。

しかし、この決議だけでは、それこそただの「空文句」に終わる可能性がありました。国連総会でコンセンサスによって決まったことには大きな意味があったと思いますが、総会決議というのは、安保理決議と異なり、拘束力がないのです。守らなくても罰則があるわけではないのです。実際、決議がされたあとも、この定義にもとづき、侵略を裁くための国際刑事裁判所をつくろうとする動きは、まったく生まれませんでした。

さらに、この決議の内容にも弱点がありました。それは、安保理の権限に踏み込まなかったことです。国連憲章上、侵略を認定するのは安保理だということになっています（第三九条）。しかし、米ソ冷戦下で、目の前で侵略がされているのに安保理が侵略と認定しないので、総会は決議を採択したのです。ところが、一方でその決議では、「武力の最初の使用」が侵略だとした第二条の後段で、「ただし、安全保障理事会は、国際連合憲章に従い、侵略行為が行われたとの決定が他の関連状況（当該行為又はその結果が十分な重大性を有するものではないという事実を含む。）に照らして正当に評価されないとの結論を下すことができる」として、総会がこの決議にもとづき侵略だと決定しても安保理が覆せるのだと決めたのです。

## ●国際刑事裁判所規程の「侵略犯罪」

ですから、この時点においても、安倍首相が言うように、侵略の定義は定まっていないという評価も可能でした。しかし、以上のような弱点を克服したのが、九八年に設立された国際刑事裁判所規程です。さらに大事なのは、この規程に二〇一〇年に追加された「侵略犯罪」に関する条項です。この条項は次のようなものです。

「第八条の2（侵略犯罪）

一、この規程の適用上、「侵略犯罪」とは、国の政治的または軍事的行動を、実質的に管理するかまたは指示する地位にある者による、その性質、重大性および規模により、国際連合憲章の明白な違反を構成する侵略行為の計画、準備、着手または実行をいう。

二、第一項の適用上、「侵略行為」とは、他国の主権、領土保全または政治的独立に対する一国による武力の行使、または国連憲章と両立しない他のいかなる方法によるものをいう。以下のいかなる行為も、宣戦布告に関わりなく、一九七四年一二月一四日の国際連合総会決議三三一四に一致して、侵略行為とみなすものとする」

最初に、侵略犯罪とは、国家の指導者による行為だということが明確にされています。他国を侵略すると決め、軍隊を動かせるのは指導者だけですから、当然の規定でしょう。

そして次に、侵略行為とは「他国の主権、領土保全または政治的独立に対する一国による武力の行使」であるという、おなじみの規定が続いています。「宣戦布告に関わりなく」というのは、宣戦布告すれば違法でないという時代がありましたから（真珠湾攻撃の前にアメリカに通告すれば問題ないと日本の指導者は考えていました）、そういう考え方を公式に否定したものでしょう。そして最後に出てくる「国際連合総会決議三三一四」というのは、先ほどまで論じていた「侵略の定義」決議のことで、そこであげられた七つの行為を「侵略行為」だと宣言したというわけです。

## ●安保理が認定しない場合も裁く仕組みができる

国連安保理の権限にも踏み込みました。安保理による侵略行為の認定がなされ、安保理が裁判所に付託した場合はもちろんのこと、侵略行為の認定がない場合でも、裁判所の予審裁判部門の許可がある場合には、裁判手続きが開始されることになったのです。

安保理が裁判してはならないと決定し、要請した場合は裁判できないとされています。しかし、アメリカやロシアが裁かれようとしているとして、当事国は「裁判してはならない」と主張するでしょうが、常任理事国すべてがそれに同調することは考えにくく、裁判を阻止することは難しいと思います。

ただし、裁判所が侵略犯罪を裁くと決めても、裁かれる対象は国家の指導者ですから、そういう人物を裁判所に差し出すのは現実味がありません。これは私の推測ですが、この規程が想定しているのは、実際に裁くというよりも、「お前の国の指導者は裁判にかけられるほど非道なヤツなんだ」ということを、その国の国民に対して宣言することにあるのかもしれません。それを通じて、その国の国民世論が高揚し、自国の指導者を引きずり下ろすまでになれば、裁判のために差し出すことも可能になるのですから。

## ●九一年もかかったが侵略の定義自体は定まった

一九一九年に「侵略」という概念があらわれたと紹介しましたから、そこからすると九一年もかかっています。定義づくりが容易でなかったことは、それだけで明白です。しかも、侵略の定義が定まったとはいえ、実際に裁判をしようと思えば、その定義の部分が三〇か国の批准を経て発効することが不可欠です。さらに、侵略の罪で裁かれる対象は国家の元首になるでしょうが、国家が元首を容疑者として裁判所に差し出すとすれば、国家の体制が変革されることがない限り、現実味はないといえます。

それにしても、安倍首相の言明とは異なり、侵略の定義が定まったことは事実です。いま安倍首相が言えることは、定義は定まったけれど、実際に裁判にかけるには乗り越える壁は大きいということではないでしょうか。

一方、侵略をした国家の指導者が裁かれるということは、ようやく二〇一〇年になって法的に定まったということです。これは、日本会議の面々が強調するように、第二次大戦の時点では、侵略した国の指導者を裁くという法律はなかったということでもあります。東京裁判の時点で侵略を犯罪として裁くという法的な規範が確立していたというのは、どう考えても無理があるといわざるを得ません。

その問題をどう捉えるべきかは、東京裁判を扱う第四章で論じます。本章で論じたいのは、冒頭に述べたように、こうやって確立した侵略の定義は、実は日本がつくったようなものだということです。日本が侵略を行い、その行為を経済圧力に対する自存自衛の戦争だと弁明したことが、戦後、侵略の定義が現在のようなものとして定まり、侵略を犯罪として裁く体制が確立する上で、日本の戦争が決定的な意味を持っていたということです。遠回りになりますが、その経過を見ておきたいと思います。

## 2、国連憲章五一条を基準にした議論が進む

すでに紹介したことですが、国際刑事裁判所規程の「侵略犯罪」の定義では、「国連憲章と両立しない」行為を侵略だとして、七つの行為をあげています。

「国連憲章と両立しない」行為が侵略だということになるなら、国連憲章によって侵略とは何かが明確にされていなければなりません。しかし、憲章には「侵略」を定義した条項はありません。だから、侵略の定義を求めて、何十年もの議論が続いたわけです。なのになぜ、国際刑事裁判所は、国連憲章が侵略を定義しているかのような規程を置いたのでしょうか。

## ●国連憲章には侵略を直接に定義する条項はないが

国連憲章に「侵略」という用語は何回か出てきます。日本にとって重要なのは、いわゆる旧敵国条項で、「本条2に定める敵国のいずれかに対する措置で、第一〇七条に従って規定されるもの又はこの敵国における侵略政策の再現に備える地域的取極において規定されるものは、関係政府の要請に基いてこの機構がこの敵国による新たな侵略を防止する責任を負うときまで例外とする」(第五三条)というものです。

国連憲章は、各国が勝手に軍事行動を起こすことをできるだけ避けようとしているわけですが、日本やドイツなど「敵国における侵略政策の再現」に対して「地域的取極」(米州機構などを意味します)がとる軍事行動は例外とするというものです。現在は死文化しているわけですが、規程としては残ったままです。

一方、先ほど述べたように、侵略を定義することを直接の目的にした条項は、国連憲章のなかにはありません。ただし、自衛権を規定した次の第五一条は、「侵略」という用語すら使われていませんが、事実上、侵略を定義しているのです。

「この憲章のいかなる規定も、国際連合加盟国に対して武力攻撃が発生した場合には、……個別的又は集団的自衛の固有の権利を害するものではない」（第五一条）

自衛権を発動できるのは「武力攻撃が発生した場合」に限るという規定です。逆の面から捉えると、武力攻撃が発生しないのに、自衛権を発動することはできないということです。日本は経済封鎖で追い込まれ、やむにやまれず「自存自衛」のために武力を発動したとして、東京裁判でも弁明したわけですが、自衛権はそういう場合には発動できないと明確にしたわけです。なぜこういう条文になったのかは後述しますが、この「武力攻撃」を「侵略」と読み替えると、この条文が実は侵略とは「武力攻撃」のことだということ、および侵略と自衛の相互関係（先制的な武力攻撃があれば、それに対して発動できるのが自衛権であること）に言及したものだということが理解できます。

## ●慣習法では権利侵害に対しても自衛権を発動できた

現在の到達点から五一条を見ると、ただちにそういう解釈が可能です。しかし、憲章ができてしばらくの間、五一条をそう解釈する人は多くはありませんでした。

例えば日本政府は、一九六〇年、日米安保条約を審議した国会において、武力攻撃を受けていなくても、「権利侵害」される程度のことでも自衛権を発動して武力を行使できると主張しました。その根拠としてあげたのは、国連憲章以外にも自衛権に関する慣習（一般）国際法があって、武力攻撃の場合の自衛権はとくに重要だから憲章で規定されているだけのことだということでした。

「五十一条は武力攻撃でございます。ところが、そうではない軽微な、いわゆる権利侵害や武力行使がある場合に、必要最小限度の範囲内で、それにつり合った武力の行使が行われる」「これは、いままで考えられておりました通常の一般自衛権の問題でございます。そのうちの、武力攻撃という問題については、特に重大であるから五十一条で取り上げて規定した、こういうふうに考えております」（高橋外務省条約局長、衆議院安保特別委員会、六〇年四月二〇日）

こういう考え方だと、相手から武力を行使されずとも、こちらは武力が行使できるということになります。経済圧力に対しても自衛権が発動できる可能性を残すものです。

同様の考え方に立っていたのは、日本政府だけではありません。国連憲章の規定にもかかわらず、戦後、多くの武力紛争が発生しましたが、武力を行使した政府が根拠としてあげたのも、似たようなものでした。

●五一条は侵略の定義条項だとはみなされていなかった

なぜ五一条はそういう扱いを受けたのでしょうか。それは、五一条が導入された経過にも関わることです。

国連憲章の草案をつくったのはアメリカですが、五一条は、その草案段階では含まれていませんでした。連合国が集まって予備的に国連憲章草案を議論したダンバートン・オークス会議（四四年八月～一〇月）で合意された案にも存在していません。四五年四月に開始されたサンフランシスコ会議の審議の最中、突如として浮上し、合意されたものなのです。

五一条が挿入された経緯としてよく説明されるのは、ラテンアメリカ諸国の要求だったということです。一九四五年二月にヤルタ会談が開かれますが、ダンバートン・オークス会議で決まった草案にあった地域的取極（米州機構などのことです）が軍事行動に踏みだす際、安保理の許可が必要だということが合意されました。そうなると、例えば米州機構が軍事行動を起こす際にも、ソ連を含む安保理の許可が必要となるということです。

ラテンアメリカ諸国は、そこをなんとかしたかった。そこでその翌月、南北アメリカ大陸諸国が集まって、「相互援助および米州連帯に関する宣言」（チャプルテペック規約）を採択します。これは、米州諸国のある一国に対する攻撃は、米州諸国全体への侵略だとみなし、適当と考える措置をとることを決めたものです。そして、国連憲章を起草したサンフランシスコ会議で、こうした地域機構が独自に軍事行動をしようとする際には、安保理の許可なしで可能にするよう求めたのです。

こうして、そういう場合の行動を集団的自衛権と位置づけ、自衛権ならば安保理の許可なく発動できるとして、五一条が挿入されました。その際、個別的自衛権との関係をどうするのかなど、いろいろな議論がありましたが、その詳細は次の節で紹介します。

いずれにせよ、五一条が挿入された経緯は、侵略を定義することを動機としたものではありませんでした。地域機構の軍事行動の自由を規定するところに目的があったのです。これが侵略の定義と関連していることは、多くの国の関心事ではなかったように思います。

## ●五一条を基準として議論され始める

しかし、戦後になっても、武力紛争が終わることはありません。そして、武力紛争が起きる度に、当事国は、相手が侵略をしたのであり、自分は自衛権を発動したのだとして、国連の場で激しい議論を展開することになります。

その際に、どちらの側も利用したのが、国連憲章の五一条でした。明文の基準が他になかったのですから当然でしょう。そして、この議論を通じて、五一条が侵略と自衛をめぐる大事な定義だということが明確になっていくのです。

最初に五一条が問題になったのは、いわゆるスエズ戦争（第二次中東戦争）でした。一九五六年七月、エジプトがスエズ運河の国有化を宣言したのですが、これに対してイギリス、フランス、イスラエルの三国が軍隊を派遣し、イスラエルがシナイ半島を、イギリスとフランスが運河地帯を占領したのです。

この問題は当初、安保理で審議されようとしましたが、英仏が拒否権を行使したため、議論は総会で行われることになりました。総会の場でイスラエルが軍事行動の根拠にしたのが国連憲章第五一条でした。エジプトにいるアラブゲリラのたびたびの越境侵入が、自衛権が発動できる要件としての「武力攻撃」にあたるというのです（英仏の根拠は「運河通航の安全確保」や「自国民保護」でした）。しかし多くの国は、イスラエルの行動は五一条では正当化できず、憲章二条四項にある武力不行使原則に違反すると主張しました。そして、圧倒的多数（賛成六四、反対五、棄権六）で採択された決議は、イスラエル、イギリス、フランスの即時撤退を求めたのです。

## ●五一条に基づく議論の積み重ねが五一条の意味を高める

先制攻撃が許されるかどうかが問題になったのは、第三次中東戦争（一九六七年）でした。イスラエルがエジプト、シリア、ヨルダンに攻撃を行い、わずか六日間で広範な領土を占領した戦争です。

このときの安保理討議で、イスラエルは、軍事行動の根拠を、シリアやエジプトの軍隊が国境沿いに展開しており、武力攻撃が差し迫っていたことにおきました。このような状況では五一条の自衛権が発動できるというわけです。

しかし、安保理の多数は、イスラエルが最初の攻撃を行ったことこそ侵略の根拠だと発言しました。イスラエルを支持する国はあっても、その先制自衛論を評価する国はありませんでした。議論の末に採択された決議は、占領地からのイスラエルの撤退を求めるものでした。

侵略が行われ、それを国連の場で討議しようとすると、目の前にあるのは国連憲章です。慣習国際法でどう考えられていても、明文で規定されているのは国連憲章だけなのです。そして、憲章は侵略を定義していないと思われていたのに、よく見てみると五一条は自衛権の発動を武力攻撃の発生に対するものに限定するという規定になっていて、侵略を批判する上ではこれを活用しようということになったのだと思います。そして、その積み重ねが、五一条の意義を高めることになっていったのです。

## ●アメリカやソ連も批判されるようになって

以上のような事例はありながら、総会などで批判されるのは、七〇年代までは安保理常任理事国以外に限られていました。五〇年代、まだ植民地諸国が加盟せず、国連が「アメリカの投票機械」と揶揄されていた時期、ソ連が国連総会で批判決議の対象になったことがありますが(五六年のハンガリー事件)、加盟してきた開発途上国がソ連との協調を重視するようになると、アメリカもソ連も批判されないという時期が続くのです。

同じように侵略をしながら、批判される国と批判されない国があるというのでは、侵略を定義した国連憲章五一条は、政治に左右される程度のものでしかないことになります。侵略国家を裁判にかけるだけの重みを持つ法的規範にはなりません。しかし、八〇年代になり、そこにも変化が訪れます。

一九八〇年一月一四日、国連総会はソ連を批判する決議を採択します。前年末に起きたアフガニスタン介入を批判するものでした。ソ連は総会で、自国の行動を正当化する論拠として、憲章五一条に規定された集団的自衛権を持ち出します。帝国主義がアフガニスタンの反政府勢力に武器を提供するなどしており、そうした外部からの侵略に悩むアフガニスタン政府から要請があったので、軍隊を派遣したのだということでした。

しかし、各国からの批判に答えてソ連があげたのは「武器の提供」だけであり、自衛権発動の要件である「武力攻撃」があったのかどうかは証明できませんでした。総会は、圧倒的多数の賛成（賛成一〇四、反対一八、棄権一八）で、アフガニスタンの事態は、主権と領土保全、独立という国連憲章の基本原則に違反するとして、外国軍隊の即時、無条件、全面撤退を求める決議を採択したのでした。

国連総会の批判はアメリカにも及びます。八三年、アメリカがグレナダで、気に入らない政府を打倒するクーデターを後押しした上、軍隊を派遣して全土を制圧したことへの批判でした。アメリカは、東カリブ海諸国機構による国連憲章五一条にもとづく要請に応えるとして、また当時居住していた一〇〇〇人のアメリカ人の命が脅かされていることを根拠にして派兵しました。

しかし、自国民保護のための出動なら、救出して連れ帰れば済むはずなのに、アメリカ軍は政権が安定するまで数か月も占領をつづけたのであって、道理がありませんでした。イギリスのサッチャー首相もアメリカの行動を批判していました。国連総会は、アメリカの軍事行動を「独立、主権、領土保全の重大な侵害」であるとして、アフガニスタン侵略の際を上回る賛成（賛成一〇八、反対九、棄権二七）

で採択することになります。その後、アメリカは、リビア空爆（八六年）、パナマ侵略（八九年）でも国連総会が採択した決議で批判されました。

●国際司法裁判所が法的な判断を下す

こうした経過のなかで、国連憲章五一条の位置が、国際法の世界において高まったことが大事です。国連憲章以外に慣習（一般）国際法があって、憲章だけでは自衛権の問題を語れないと日本政府が言明していたことは、すでに紹介しました。これは日本の独自見解ではなく、国際法においては常識的な見方だったのです。しかし、戦後、いままで見てきたように、国際紛争が発生して国連で議論される度に、基準となってきたのは憲章五一条でした。八〇年代半ばになって、そのことの意味が、国際法の世界に取り入れられることになるのです。

一九八六年、国家間の争いを裁く国際司法裁判所（前出の国際刑事裁判所は国家指導者の犯罪を裁くもの）は、ニカラグア事件の判決を下しました。これは、アメリカによる武力攻撃は違法であるとニカラグアが訴えていたもので、裁判所が下した結論は、アメリカが国際法に違反しているというものでした。武力行使問題に国際司法裁判所が取り組んだ最初のものであり、判決のなかには大事な論点がたくさん含まれますが、憲章五一条と慣習国際法との関係でも重要な見方を提示することになります。

判決は、慣習法と国連憲章が、それぞれ独立して存在していると述べます。また、「五一条は、自衛権の全ての側面を直接に規律しているわけではない」として、国連憲章だけでは自衛権の問題は説明できないとします。

しかし、国連憲章で規律されていないとして判決が指摘するのは、「慣習法では確立している均衡の問題や、武力攻撃の定義」のみです。ふたつだけなのです。

そのうちの「均衡」というのは、自衛権を発動する際の武力の行使は、相手の侵害と均衡する程度に止めるべきだとする考え方です。外交努力などが尽きたときにだけ自衛権は発動できるという考え方などとともに、「自衛権の三要件」として確立しています。

もうひとつは、「武力攻撃の定義」です。これについては、裁判所の判決自体が、「慣習国際法を反映している『侵略の定義』（国連総会決議三三一四）」とするなど、「侵略の定義」決議で確立しているという立場です。

つまり、慣習法と国連憲章は、ともに存在していますが、「武力攻撃もされていないのに自衛権が発動できる」ような慣習法があるなどとはいっていないのです。国連憲章が規定する自衛権には足らないところはあるけれど、限定的だということです。

## ●慣習法と国連憲章の内容がほぼ対応していることを確認

こうして判決は、「憲章と慣習国際法の両者がともに国際関係における武力行使の違法化という共通の基本原則に由来」していることが「本質的な点」だとします。そして、「両者の内容上の相違は、裁判所の見解によれば、慣習法の分野に限定した判決を、無効または不適切ないし実施不可能にするようなものではない」と結論づけました。

分かりにくいかもしれませんが、アメリカは、この裁判では国連憲章は適用できないと主張したため、裁判所は慣習法に依拠して審理し、判決を下したのです。そして、慣習法に従って判決を下したとしても、国連憲章に照らして判決が無効になるほどには、両者の間に違いはないというのが、裁判所の結論なのです。ある国際法学者も、判決の意義のひとつを、「この慣習的権利の内容と範囲は、五一条の自衛権にほぼ対応するとした」ことにあるとしています（藤田久一『国連法』東京大学出版会）。

戦後七〇年の国際政治は、一九四五年につくられた国連憲章、とりわけその五一条の意味を高める歴史だったといえます。五一条というのは、ＮＡＴＯやワルシャワ条約機構など軍事同盟の根拠とされた条項ですから、これまで否定的に論じられてきたのですが、積極的な意義があったことを現在の到達から見て捉え直すべきでしょう。

さらに大事なことがあります。その五一条こそはまさに日本の「先の大戦」の産物だったということです。侵略の定義は日本がつくったようなものだという、本章の結論に入っていきましょう。

## 3、「ハル・ノート」から国連憲章第五一条へ

### ●武力不行使を「確固たるまた拘束力ある義務」にする決意で

国際法の世界に大変革をもたらすことになる国連憲章第五一条。それはどのようにして、どのような意味合いをもってつくられたのでしょうか。

国連憲章自体は、すでに紹介したように、まずアメリカが草案をつくり、それが予備会議であるダンバートン・オークス会議にかけられ、最終的にサンフランシスコ会議（四五年四月～六月）で採択されました。憲章の核心をなす以下の武力不行使原則（第二条四項）は、アメリカの草案の段階において、採択されたのとほぼ同じものが含まれていました。

「すべての加盟国は、その国際関係において、武力による威嚇又は武力の行使を、いかなる国の領土保全又は政治的独立に対するものも、また、国際連合の目的と両立しない他のいかなる方法によるものも慎まなければならない」

アメリカの草案を作成したのは国務省です。当時の国務長官は、コーデル・ハル。日本ではいわゆる「ハル・ノート」で有名ですが、国際的には「国連の父」とも呼ばれている人物で、四四年一一月に病気で辞任するまで（ダンバートン・オークス会議が終わった直後です）、国連憲章の作成のために全力をあげたことで知られています。

ハルは、四四年四月、国連の目的について、次のような演説をしたとされます。

「加盟国が、申し合わせに従う場合を除いて、お互いに対しておよび他のいかなる国家に対しても武力を行使しないという、確固たるまた拘束力ある義務に基づかなければならない」

武力不行使を「確固たるまた拘束力ある義務」にするというのですから、国連憲章にかけるハルの決意は相当なものだったと思います。その決意はどこから来たのか。

●日米交渉の責任者としての経験から導いた結論

日本において「ハル・ノート」（四一年一一月）は、「悪名高い」という形容詞付きで論じられることが少なくありません。せっかく日米開戦を避けるために外交交渉を重ねているのに、その交渉の到達点を無視するかのように高いハードルを日本に求めてきた部分もあったので、日本側には「最後通牒だ」という受け止めがされたわけです。そして日本は、真珠湾攻撃で開戦することを最終的に決めることになります。

実際、当時のアメリカは、もう日本と交渉してもムダだという判断はしていたと思います。だから日本が攻めてきたときのための軍事態勢も整えようとするわけです。

しかし、冷静に考えれば、別のことが分かります。現在の世界においては、何か国益をかけた交渉がやられているとして、「もう交渉は終わりだ」と相手に告げられたからといって、その国に戦争をしかけるなどしてはならないと考えられています。実際には起こり得ることかもしれませんが、やってはならないことだとは思われていません。

また、「ハル・ノート」の内容も、当時の日本にとっては飲めないものだったでしょうが、現時点ではどうでしょうか。中国から全面撤退することも、蔣介石政権以外は認めないことも、日独伊軍事同盟を否定的に見ることも、現在の視点から見れば常識的なことだと思います。

コーデル・ハルという人は、おそらく理想主義者で、日本側が出してきたような条件闘争、例えば撤兵するのはフランス領インドシナだけで勘弁してほしいとか、アメリカを敵とする軍事同盟にくわわるがアメリカと戦争するつもりはないと信じてほしいとか、そんな提案が許せなかったのでしょう。そういう人物が、日米交渉の結果をふまえ、国連憲章をつくるに際して、武力不行使原則を厳格なものにしようとした。これが憲章二条四項の根底にあるのではないでしょうか。

## ●ようやく非公式文書が公開されてきて

ところで、武力攻撃があったときに自衛権が発動できるという五一条は、そのもとですでに七〇年も暮らしてきた現代人にとっては、あまり違和感がないかもしれません。しかし、国連憲章が議論された七〇数年前はそうではありませんでした。

「武力攻撃（armed attack）」という言葉は、文字通り、軍隊を他国にまで派遣して攻撃する様を連想させます。そういう場合に自衛権を発動できるのは、当時から明白でした。しかし、すでに紹介したことですが、戦後しばらく経っても、国連の場では武力侵略と経済侵略を同列に置く議論がされていたように、当時、自衛権が発動できる要件としての侵略の発生とは、もっと幅の広い概念だと思われていました。

それなのになぜ、五一条では、武力攻撃のときだけ自衛権が発動できると規定したのか。これは長年の謎でした。国連憲章が制定された経緯については、公式の会議録にもとづき、六〇年代半ばまでにかなりの研究が蓄積され、先述したようなラテンアメリカ諸国主導による五一条導入の経緯も明らかにされてきました。しかし、五一条はかなりの程度が非公式協議で決められていたため、当時の研究では十分に明らかにならなかったことが多いのです。七〇年代を前後して、それらの非公式協議の文書等の公開が進み、ようやく研究が可能になりますが、研究者の関心はそういうところには向かわなかったようです。

## ●個別的自衛権は侵略に、集団的自衛権は武力攻撃に発動するのが草案

ここ十数年、ようやくこの分野の研究が公表されるようになってきました。その代表格が、先ほど引用したハルの演説も掲載されている森肇志の『自衛権の基層』（東京大学出版会）です。それによると、核心部分でまだまだ分からないところもあるのですが、おおよその経緯は次のようなものだったそうで

す。

ラテンアメリカ諸国の要求に対応することを決めたアメリカは、すぐに草案を作成し、各国との協議に入ります。その経過でいろいろな修正をくわえるのですが、四五年五月一二日の午前の段階での草案は、個別的自衛権と集団的自衛権を区別していました。すなわち、まず「国家による加盟国に対する侵略が発生した場合には、当該加盟国は自衛のために必要な措置をとる固有の権利を有する」とされ、侵略に対しては（個別的）自衛権が発動できるとされました（侵略の定義はなかった）。続いて「武力攻撃に対して当該自衛措置をとる権利は、国家グループのすべてのメンバーがその一国に対する攻撃をメンバーすべてに対する攻撃と考えることに同意する、チャプルテペック規約に具体化されるような協定あるいは取極にも適用される」とされました。

チャプルテペック規約というのは、前出のラテンアメリカ諸国による協定のことです。要するに、個別的自衛権が発動できるのは侵略に対してであり、集団的自衛権が発動できるのは武力攻撃に対してだということです。奇妙に思われるかもしれませんが、個別的自衛権を発動できる要件は広いと考えられてきたことをふまえれば、理解が可能になるのではないでしょうか。アメリカは、個別的自衛権と比べて集団的自衛権の発動にはより強い制約が必要だと考えており、それが「武力攻撃」という言葉を使わせることになったということです。

## ●イギリスが「侵略」の用語を使うことに反対して

森は、アメリカがそう考えた理由について、「地域主義あるいは集団行動に対する不安から生じていた」とします。森があげる地域主義、集団行動の実例は、相互援助条約（一九二三年）やラインラント協定（二五年）ですが、「地域主義あるいは集団行動」といえばもっと有名なものがあります。日独伊三国同盟です。

第二次大戦に至る過程で、日独伊三国同盟をはじめ、各種の軍事同盟がつくられました。軍事同盟というのは、そのなかの一国が侵略を受けたとして、他の国も参戦するわけで（集団的自衛権と同じ考え方です）、それが世界大戦につながっていきます。アメリカが集団的自衛権についてよりきびしい制約を課そうとしたのは、ラテンアメリカ諸国がそれを望むなら国連憲章に挿入するけれど、日独伊三国同盟をはじめ軍事同盟が果たしてきた否定的な歴史の経験をふまえ、きびしい歯止めをかけておこうというところにあったのでしょう。

ところが、イギリスがこの草案に反対します。個別的自衛権の部分についてです。「イーデン外相は、『この三〇年間誰も侵略の定義に成功していない』と強調した」のです。このイギリスの指摘を受け、草案の修正を進める過程で、現行の五一条のように、個別的自衛権と集団的自衛権に区別を設けず、どちらの発動にも「武力攻撃」を必要とするようなかたちのものになったということです。

こういうことになると、個別的自衛権の発動までが「武力攻撃の発生」が要件となるように制約されてしまうわけですから、アメリカやイギリスの侵略とか自衛権に関する理解の到達からすれば、よく分からない部分が残ります。森は、アメリカ代表団のなかにも反対があったけれども、スティニアス国務長官が「最終的に合意されるまでに文言が多くの修正を受けるであろう」とその場を収めたことを指摘しています。しかし実際は、ほぼそのままの文言で採択されることになったのです。

## ●五一条が基準になるとまでは想定していなかったかもしれない

最後の局面には不可解なところがあります。ここを私なりに推測すると、ふたつの理由が考えられます。

ひとつは、当時はまだできてもいない国連憲章が低く見られていたということがあると思います。別の箇所（八四ページ）で紹介したように、武力紛争を規律するものとしては慣習国際法が存在していて、国連憲章がつくられたとしても、慣習法でやっていくのだという姿勢を少なくない国が堅持していたわけです。だから、国連憲章の規定があっても、個別的自衛権は制約されないと多くの国が考えた。

もうひとつは、目の前で起きた日本やドイツの侵略を阻止するという強い決意が存在していて、集団的自衛権に強い縛りをかけることに関心が集中していたということです。アメリカやイギリスには、日本やドイツの「侵略政策の再現」（憲章五三条）、とりわけ軍事同盟の危険を何としても阻止したいという強い決意があり、五一条の存在意義をそういう角度から主に見ていたのだと思います。しかも、経済封鎖されたので「自存自衛」の戦争だという日本の言い分を認めないという気持ちが、どこか背後に流れていたのでしょう。

こうして、当初は軍事同盟の危険を阻止するため、「武力攻撃」の発生を要件とするようにしたけれども、それがいつのまにか個別的自衛権の要件にもなったということです。推測なのですが、大きく違うことはないように思います。いかがでしょうか。

その結果は、侵略の定義の質的な飛躍につながりました。集団的自衛権はもちろんのこと、個別的自衛権であっても武力攻撃があったときにしか発動できないわけですから、戦前の日本のように、経済封鎖で追い込まれたら「自存自衛」の権利があるとはいえなくなりました。欧米の圧迫で苦しんでいる国々を解放するのだとして戦争することもできなくなりました。

しかし、くり返しになりますが、五一条は侵略を定義するのが目的ではなかったので、その時点では、戦後、アメリカなどが海外で侵略的な軍事行動をするようになった時、その度に国連総会などの場で、五一条を基準にして議論がされるようになることなど、もしかして誰も想像していなかったのかもしれません。しかし、他に侵略の定義をした条項がなかったが故に、自衛権が発動できるのは武力攻撃が発生した時だという五一条の観点から議論が行われ、次第に侵略と武力攻撃の区別がなくなり、それが定着していくことになるのです。

**●第一次大戦で「侵略」の用語が、第二次大戦で「侵略の定義」が**

この経過を見れば、侵略の定義が現在のようなものになったのは日本やドイツのおかげだという、この章のコンセプトを理解してもらえるのではないでしょうか。でも、人類が思想的な飛躍をするときというのは、何か前例のないできごとが発生し、本人たちには自覚がないまま、現実の事態によって導かれてしまうということがあると思います。

例えば、「侵略」概念の発生もそうです。この言葉が、第一次大戦の戦後処理を決めたベルサイユ条約で初めて使われたことは紹介しましたが、一千数百万人が犠牲になるという人類が経験したことのない戦争が起こり、誰かに責任をとらせて賠償をさせなければならないと考えられた。それが侵略という概念を生んだのです。

そして第二次大戦では、それをはるかに上回る犠牲が生まれました。国連憲章前文にありますが、「一生のうちに二度まで言語に絶する悲哀を人類に与えた戦争の惨害から将来の世代を救い」たいというのは、嘘偽りのない当時の人びとの強い気持ちの表現だったのだと思います。そういう気持ちが、それまでの国際法ではなしえなかった飛躍を求め、国連憲章とその五一条に結実したのです。

要するにこういうことです。侵略の定義が、それを犯罪として裁くだけのものとして最終的に確定するのは、やはり二〇一〇年です。しかし、その定義の内容は、一九七四年の国連総会決議で決まったものとほぼ同じで、早くから国際社会では常識となっていたわけです。同時に、その定義の核心部分は、日本との戦争がまだ続いている最中に開催されたサンフランシスコ会議において、日本やドイツの侵略政策の再現を許さない決意のもとで、国際社会で合意されたということです。

そういう経過で侵略の定義ができたのですから、日本会議の面々が、満州事変にはじまる対中戦争、四一年からの対米戦争が侵略であることに異議を差し挟むのは、構造的に無理なのです。日本がやった軍事行動を侵略と定義したようなものですから、動かしようがありません。日本会議ができることは、いまはそうだろうが当時は違っていたはずだとか、ましてや裁くのは無理だったはずだとか、その程度を主張することだけです。

## ●侵略した体験と侵略しない体験を語る国として

現在の日本は、集団的自衛権を行使することを決めた国になりました。紹介してきた五一条をめぐる議論からすれば、集団的自衛権の行使には強い歯止めが必要だというのが国際社会の意思であることは明白であるのに、どんどん歯止めをはずす日本の将来が本当に心配です。

私は、日本はこうしたものとは別の道を歩むべきだと思います。侵略を許さない国として、どの国のものであれ侵略があればそれを批判し、世界から侵略をなくすために努力する国になるべきです。

侵略の定義が確立される原因となったという消極的な理由からではありません。日本が侵略したことを重要な原因として、国連憲章がつくられ、日本国憲法がつくられました。そのもとで戦後七〇年、少なくとも直接にどの国を侵略することもなかったという点で、日本は希有な国であって、そのことは誇りにしなければなりません。

日本は、侵略政策とはどうやって生み出されるのかを、自分の体験として語れるのです。その責任を問われてはたすことによって、戦後は侵略をしなかった経験も語れるのです（侵略に加担はしたので、その反省も必要ですが）。侵略を企む国に対して、その両方の体験を語る国として対峙することができるのは、世界のなかで日本だけだといっていいでしょう。

その大事な立場を放棄してはならない。切実にそう思います。

## ●マッカーサーは日本の自衛を認めたのか？

なお、本章の冒頭で、日本会議の戦後七〇年「見解」が、日本の戦争は自衛だったと指摘した上で、「後にマッカーサー連合国軍最高司令官自身もそのことを認めている」と述べていることを紹介しました。最後にその点について簡単に触れておきます。

このマッカーサー証言なるものは、一九五一年五月、アメリカ上院の軍事外交合同委員会で行われました。関連箇所は以下の通りです。

「日本は絹産業以外には、固有の天然資源はほとんど何もないのです。彼らには綿も、羊毛も、石油の産出もありません。錫も、ゴムもない。それら一切のものがアジア地域には存在していたのです。もし、これらの原料の供給を断ち切られたら、一〇〇〇万から一二〇〇万の失業者が発生するであろうことを日本人は恐れていました。したがって、彼らが戦争に飛び込んでいった動機は、大部分が安全保障（security）の必要に迫られてのことだったのです」

本章を読んでこられた方には、詳しい解説は必要ないでしょう。これは、日本が戦争を開始した動機を、事実経過に即して述べただけのものです。経済圧力を受けたから日本は戦争を開始したのだと言っているだけのことです。そのことは、当時もいまも、誰も否定していません。マッカーサーも、この証言において、それを日本が弁解したように「自衛」と見るのか、アメリカが言うように「侵略」だと見るのかという、価値判断に踏み込んではいません。

人は何でも自分の都合のいいように解釈する。日本会議の主張は、その典型例ですね。

第三章

# アジア解放の建前と本音はどこで交錯するか

次に取り上げたいのは、現在の東南アジア地域における日本の戦争の問題です。一九四一年、対米戦争とともに開始された日本の「南進」の問題といっても構いません。

日本は、四一年一二月八日、真珠湾攻撃の二時間前、イギリス領マレー半島北東部コタバルに奇襲上陸作戦を敢行することにより、東南アジアにおける戦争を開始しました。その後、イギリス領香港（一二月二五日占領）、アメリカ領フィリピン（四二年一月二日マニラ占領）、イギリス領マラヤ（二月一五日シンガポール占領）、イギリス領ビルマ（三月八日ラングーン占領）、オランダ領東インド（三月九日オランダ軍降伏）と占領を続けました。さらにその後、フィリピン全土の占領は五月八日のコレヒドール島要塞の米軍降伏によって達成し、ビルマ全域も支配下に置くことにより、五月一八日、南方攻略作戦の終了を宣言することになります。

なお、以上の諸地域は、名前をあげた欧米列強との戦争の末、占領に至ったのですが、フランス領インドシナは、同盟国であるドイツが影響力を持つフランス・ヴィシー政権の支配地域であったため、その同意のもとに進駐することになりました。中立国であったポルトガル領のチモール（東チモール）、独立国であったタイも同様です。

この戦争はどんな性格を持ったものだったのでしょうか。そして、四五年の終戦まで続く日本の東南アジア占領は、どんな意味があったのでしょうか。

# 1、日本の占領とアジア解放をめぐる論点

## ●この問題での日本会議の主張の要点

日本会議のこの問題での主張は明確です。欧米列強こそが、日本に先駆けてアジア全域を侵略し、植民地支配したではないかというものです。それに比して、日本の戦争は欧米列強からアジアを解放することを目的としており、戦争によって実際に解放が促進されたというものです。

前者についていうと、ホームページに「欧米列強のアジア侵略はいかにして行われたか」（二〇〇八年九月一二日）という文書があります。冒頭、「一五世紀の大航海時代で世界に進出した西欧列強は、やがてアジア全域を植民地化した。彼ら白人帝国主義国はいかなる侵略行為を行ったのか――」として、地域ごとに、欧米列強の残虐な支配の様子が克明に描かれています。

一方、後者では、「世界はどのように大東亜戦争を評価しているか」（二〇〇八年八月一一日）です。このなかで、世界のさまざまな有名人による日本の戦争の評価が列挙されています。

たとえば、歴史学者のアーノルド・J・トインビー。「日本人が歴史上に残した業績の意義は、西洋人以外の人類の面前において、アジアとアフリカを支配してきた西洋人が、過去二〇〇年の間に考えられていたような、不敗の半神でないことを明らかに示した点にある」と述べているそうです。

## ●アジアの人びとの評価

当事者である東南アジアの人の評価も紹介しましょう。たくさんありますが、そのなかからタイのククリット・プラモード（元首相）の言葉です。

「日本のおかげで、アジアの諸国はすべて独立した。日本というお母さんは、難産して母体をそこなったが、生まれた子供はすくすくと育っている。今日、東南アジア諸国民が、アメリカやイギリスと対等に話ができるのは、一体だれのおかげであるのか。それは『身を殺して仁をなした』日本というお母さんがあったためである。一二月八日は、われわれにこの重大な思想を示してくれたお母さんが、一身を賭して重大決意された日である。さらに八月一五日は、われわれの大切なお母さんが、病の床に伏した日である。われわれはこの二つの日を忘れてはならない」

それほど日本が感謝されているなら、戦後、日本が賠償することも不要だったはずです。ところが日本会議は、戦前の日本の行為にどこか後ろめたい気持ちも持っているのでしょうか、戦後七〇年にあたっての「見解」では、戦後賠償がアジア諸国から感謝されたことも誇って見せます。

「独立回復直後の昭和二十九年以来、誠実にアジア諸国に対する戦時賠償と経済協力を積み重ねることで信頼関係を醸成してきたことではないか。この点は先ごろ来日したフィリピンのアキノ大統領も、国会演説において『貴国は、過去の傷を癒す義務を果たす以上のことを成し遂げ、真に利他的な意志をもって行動しました。……我が国の発展に対する貴国の貢献は、単に大規模であったというだけではありません。長年にわたり一貫して続けられてきたのです』と評価している」

## ●日本の占領が脱植民地化の一つの契機になった

日本会議のこのような主張は、罪責史観派への批判と一体のものです。罪責史観派は、アジア解放はただの建前であって、戦争によって解放が促進されたなどというのはとんでもないと捉えているだろうが、実際のアジアの人びとの受け止めは違うだろうと挑発しているわけです。

しかし少なくとも現在、罪責史観派による「南進」の捉え方は、そう単純ではなくなっています。栄光史観派によって自虐史観派の「巣窟」とみなされている岩波書店から、ここ一〇年ほどの間に、講座「アジア・太平洋戦争」(全八巻)、「戦争の経験を問う」(全一三巻)などが出されていますが、それを見ただけでも、じつに多様な見方が提示されていることが分かります。

例えば、ある研究者は、戦後の東南アジアの独立について、「それを『解放』の名で呼ぶことはできないとしても、日本の占領が東南アジア脱植民地化のひとつの重要な契機となったことは客観的事実として明らかであり、関心がそこに集まるのも当然だ」と述べています(中野聡『東南アジア占領と日本人』「戦争の経験を問う」)。

日本の占領だけを契機と見ないないにせよ、それが「脱植民地化」の「重要な契機」のひとつとなったことは認めているのです。この研究者はさらに、日本が唱えた「共栄」は虚像であり、実像は「支配」

であったという見方に対しても、「はたして日本は、その『実像』を実現できたのであろうか」という、独特の観点を提示しています。

「『大東亜共栄圏』の『虚像』と『実像』という問題にも、本書は、日本帝国が直面した矛盾と限界を浮き彫りにする視点から注目する。この対比から一般に想像されるのは、互恵・平等を想起させる『共栄』という宣伝文句（虚像）の一方で、東南アジア占領の実態（実像）は日本を支配者とする垂直的な支配であり、日本が占領下のビルマやフィリピンに与えた『独立』はカッコ付きに過ぎなかったという見方であろう。しかしはたして日本は、その「実像」を実現できたのであろうか。むしろ日本帝国が秩序の形成力に不足していたという現実が、日本帝国をその膨張の極点において揺さぶり、『共栄』や『独立』の観点をめぐる力関係にも影響を与えていったのではないか」

### ●戦争が脱植民地化を促進した要素もある

一人だけではありません。別の研究者は、「(日本に) いわゆる解放史観が根強く残っているのはなぜであろうか」という問題意識を深め、次のように説明しています。このなかで、戦争が脱植民地化を促進したことが、要素としてはあったとしています。

「私自身は、戦争というファクターが、脱植民地化への流れを刺激し、促進した側面があったことは否定しないが、日本の戦争がそのために『貢献』したという歴史認識は、事実にそぐわないものであると考えている。ただし、戦争に関係した（関係させられた）個々の日本人のレベルでは、本当にアジア解放を望み、そのために現実に手を差し伸べた人々がいた事は否定しない。しかし個人の思惑や行為と、国家としての日本帝国の政策は厳密に区別しなければならない」（倉沢愛子「二〇世紀アジアの戦争帝国と脱植民地化」講座「アジア・太平洋戦争」第一巻所収）

日本の戦争がアジア解放を目的としたという立場には立っていません。しかし、その戦争が「脱植民地化への流れを刺激し、促進した側面があったことは否定しない」し、個々の日本人がアジア解放を望み努力したことは認めているわけです。さらにこの研究者は、別の著作（講座『アジア・太平洋戦争』第七巻「まえがき」）で、日本が占領政策を遂行する上で、単に暴力に依拠できなかった事情を指摘しています。

「いずれにせよ、日本がこの未知の地域で効果的な占領政策を展開するためには、占領地の住民の民心を把握し、彼らの協力を得ることが不可欠であった。まず占領地の住民の意識を改革して、欧米の精神的、文化的支配から解き放つことが必要であると日本は考えた。そこで、それぞれの民族の特殊性に基礎をおいた宣撫工作や啓蒙政策が重要になってくる。イスラームなどの未知の宗教に深い関心を示した工作などもその一環だった。日本の東南アジア支配は、非常に暴力的でありながら、しかし単に『暴力』一辺倒ではない、巧みさと複雑さを持っているところに特徴があったのである」

## ●「対日協力者」が批判されない理由

以上の二人とはまた別の研究者は、占領を受けた人びとの視点で、日本の占領を見つめています。とりわけ大事だと思うのは、占領を支えたいわゆる「対日協力者」という存在が（この場合はビルマですが）、戦後、国民からとくに批判されることがなかったことを指摘していることです。

「一方、英国の植民地だったビルマでは、宗主国の英国や戦時中の占領者である日本に対し協力した政治・行政エリートが、そのことのために戦後にマイナスのイメージを背負わされたり、非難されたり、否定すべき記憶として国家によって強調されたりするなどの事実は見られない。……英国も戦後にビルマへ復帰した際、戦時中の対日協力者の問題をクローズアップさせようとしたが全く成功していない。戦時中にナショナリスト・エリートが日本に対する協力姿勢をとったのは、戦争による混乱のなかで危険に直面した国民を守るためのやむをえない判断だったという理解が戦後のビルマには強く、また日本占領期の末期の段階で抗日戦争を主導した人々の多くが、もともとは対日協力の側にいた人間だったということもあり、対日協力そのものが自国のナショナリズムを傷つけたという解釈は登場しにくかった。そのため、協力者に対する非難が生じにくく、宗主国である英国が対日協力者を批判しようとしても、ナショナリスト・エリートも国民もそれに共鳴する文脈をもちえなかったといえる。また、独立を志向するナショナリスト・エリートの側から見れば、そもそも自分たちを植民地におとしめた英国が、ビルマを日本の侵攻から守ることすらできなかったのに、戦後になって戦時中の日本との『付き合い方』

をとやかく言われる筋合いはないという反発があったことも確かである」（根本敬『抵抗と協力のはざま』「戦争の経験を問う」）

## ●実態に即した厳密な評価が必要である

中国や韓国において、「対日協力者」というのは、批判され、糾弾されるべき対象です。東南アジアではそうではないというのは、日本の行為の性格が、東南アジアと中国では異なっていたことの反映です。

「日本の侵略戦争」として一括して語られることの多いアジア・太平洋戦争ですが、そのなかには中国との戦争もあればアメリカとの戦争もあり、そして東南アジアにおける戦争もあります。さらにはソ連との戦争もあります。アジア・太平洋戦争の性格を正しく把握するためには、それぞれの戦争ごとに、より厳密に評価する必要があるということです。

もちろん、だからといって、東南アジアにおける日本の戦争が侵略でなかったと言いたいわけではありません。また、戦争に乗り出した日本の国家目的が、第一義的にアジアの解放にあったと評価しているわけでもありません。

侵略とは、第二章で詳しく論じたように、他国の領域を先制的に武力攻撃することです。東南アジアの地域は、たとえ欧米による植民地支配をどう評価していようと、欧米の領域であったことは間違いなく、そこを先制的に武力攻撃したわけですから（他方、日本の領域に対する欧米からの先制的武力攻撃はなかった）、侵略であったことは間違いないのです。

しかも、その結果、東南アジアの多くの人びとの命が失われました。戦後、これらの国が公表した数字を見ると、戦闘に巻き込まれたもの、飢饉によるもの（日本によるコメの徴発や転作強制が原因とされる）など原因はさまざまですが、フィリピン一〇〇万人、ベトナム二〇〇万人、インドネシア三〇〇万人から四〇〇万人など、合計で六五〇万人から九五〇万人が犠牲になったとされます。日本が戦争を開始しなければ生まれなかった犠牲であって、申し開きできるようなものではありません。

## ●アジア解放論をめぐって

唯一、申し開きが可能だとしたら、日本の戦争が本当にアジアを解放するためのものであった場合でしょう。あるいは結果として解放を早めた場合も含まれるかもしれません。その場合も、本当にアジアを解放したいという意図があったなら、なぜ同じアジアである朝鮮半島は解放しなかったのかが問われるでしょうが、そこは留保したとしてもです。

日本が戦争を開始するにあたり、アジアの解放を掲げたのは事実です。四一年一二月八日に出された天皇の「開戦の詔勅」も、「自存自衛」に加え、「東亜永遠の平和」をうたっていました。四三年八月にはビルマ、一〇月にはフィリピンに「独立」を与えた上で、一一月には東京で各国代表を集めて大東亜会議が開かれます。

大東亜会議では、「大東亜共同宣言」が採択されます。これは、事前に大本営が準備したものそのままであって、その意図を論じれば日本本位のものと言えなくもありません。しかし、文面だけを見ると、中心をなす五原則は以下引用するように注目すべき内容が含まれています。

一、大東亜各国は、協同して大東亜の安定を確保し、道義に基づく共存共栄の秩序を建設す。
一、大東亜各国は、相互に自主独立を尊重し、互助敦睦の実を挙げ、大東亜の親睦を確立す。
一、大東亜各国は、相互にその伝統を尊重し、各民族の創造性を伸暢し、大東亜の文化を昂揚す。
一、大東亜各国は、互恵の下、緊密に連携し、その経済の発展を図り、大東亜の繁栄を増進す。
一、大東亜各国は、万邦との交誼を篤うし、人種的差別を撤廃し、普く文化を交流し、進んで資源を解放し、以て世界の進運に貢献す。

## ●アジア解放のための戦争ではなかったが

これらの「大義」がただの宣伝文句に過ぎなかったのか、それとも実質的に意味を有していたのかは、次の節で各国の具体的な「独立」過程を検討したあとで論じます。一方、大東亜宣言が対抗しようとした連合国の「大西洋憲章」にしても、自由や民族自決をうたいあげており、第二次大戦が自由と民主主義か軍国主義とファシズムかの対決構図になる上で決定的だったと評価されていますが、イギリスのチャーチル首相が憲章にある民族自決の考え方は植民地には適用されないと明言したように、白か黒かという単純な評価を許さないものです。大東亜宣言の評価も、最初から批判するという目的ですべてを判断するのではなく、リアルな目で見なければなりません。

ただ、宣言に盛られたアジア解放の意図をどう評価するかは別にして、日本が早くからアジア解放の志を持っており、それを実行に移すため、四一年末からの戦争を開始したといえるのでしょうか。残念ながら、それを肯定することはできません。

そもそも、ずっと「北進か南進か」を議論してきた日本が「南進」を決めた最大の要因は、アメリカによる石油をはじめとした経済封鎖があり、自分で資源を確保する必要に迫られたからです。しかも、アメリカと戦争をするわけですから、アメリカの同盟国であるオランダ領東インドからの石油を商業ベースで確保することもできなくなります。そういう状況を「自存自衛」と名づけて、日本は対英米蘭戦争を開始したのです。これを否定する人はいないでしょう。

もし、それ以前からアジア解放を真剣に考えていたのなら、占領した地域でどんな行政をするのかなどについて、それなりに準備があったはずです。しかし、日本の政府・軍部は伝統的にロシアと戦う「北進論」に傾いており、そのためには関東軍を増強するなど具体的な計画を持ち、実行してきましたが、「南進論」は出てきた時期も遅く、占領行政などの具体化はされませんでした。だから、四一年末に対米開戦を決意した後になって、怒濤の勢いで南進のための具体化が図られていったのです。

### ●欧米列強の植民地における戦争だった特殊性

アジア解放という大義は、その過程で生まれたものです。自存自衛が建前としても基本的であって、アジア解放は本音であれ建前であれ、自存自衛に従属したものにならざるを得ませんでした。

開戦前の四一年一一月、大本営は「南方占領地行政実施要領」を作成します。開戦直後の一二月一二日、その具体化として「南方経済対策要綱」がつくられます。その要綱で、「重要資源の需要を充足して当面の戦争遂行に寄与」する「第一次対策」は打ちだされましたが、「大東亜共栄圏自給自足体制」の確立をめざす「第二次対策」は先送りされたことも、自存自衛が何よりも優先されたことの反映だったと言えます。

もちろん、自存自衛が優先されたにせよ、アジア解放が本物ならば、否定すべきではありません。また、それよりも何よりも、日本の東南アジアにおける戦争が対中戦争、対米戦争と決定的に異なるのが、欧米列強の植民地における戦争だったということは留意されなければなりません。欧米列強がまず侵略し、支配していた東南アジア地域に日本が攻め入り、いったんは欧米諸国を追いだすかたちになったという事実です。しかも欧米諸国は、日本の敗戦にともない、再び植民地支配のために舞い戻ってきたという現実です。

この地域における日本の戦争を正確に評価するためには、以上のように、その全体をどう見るかが不可欠です。「独立」が与えられたビルマ、与えられなかったインドネシアの事例を具体的に見た上で、日本の戦争が有した性格について評価をくわえたいと考えます。

## 2、占領と解放の実態はどういうものだったのか

〈ビルマの場合〉

### ●イギリスに植民地とされたビルマ

日本による占領の性格を論じる際、叙述は占領以降の問題が中心になりがちです。しかし、占領者が入れ替わったことの意味がつかめないと、日本による占領の性格を全体として理解することもできませんので、それ以前の問題に少しだけ言及しておきます。

ビルマは、九世紀から一〇世紀にかけて王国が出現し、さまざまな争いを経ながらも、一九世紀までは独立した国家として存在していました。しかし、一九世紀、何度かにわたるイギリスとの戦争に敗北し、一八八六年、全土がその植民地とされてしまいます。イギリスは早くからビルマの西隣にあるインドを支配していましたが、戦争によって支配をさらに東に及ぼしたわけです。これによって、同時期にインドシナ半島を統治するフランスとの間で、緩衝地帯としてタイを「独立」させておくことが合意さ

れることになるのは、よく知られた事実です。なおイギリスは、それ以前の一八世紀末から一九世紀はじめにかけて、マラヤ（現在のマレーシアの一部とシンガポール）をも支配下に置き始めていました。

植民地とされた直後、地方に追いやられた王国の残党と農民による抵抗が広がりましたが、イギリスは、隣のインドから大量のインド人兵隊を投入し、一八九〇年までに鎮圧したとされます。イギリスは一八九七年、ビルマをインドのひとつの州として扱うことを決め、インドの他の州と同様、インド総督のもとでビルマ政庁が置かれ、副総督が統治することになります。植民地であるインドの植民地とされたようなものです。民族のアイデンティティを喪失させようとするものでした。

イギリスのビルマ支配は、軍事力と経済力を背景としつつ、ビルマ政庁に採用した少数のエリート行政官によって担われます。中心となった一五〇人余りの高等文官はすべてイギリス人で、そのもとにビルマ人を雇用するというかたちをとりました。しかし、さすがに二〇世紀を迎える頃になると、ビルマ人のナショナリズムが芽生え始めます。

## ●イギリスによる支配の特徴

イギリスは、ビルマに教育制度を導入しました。そのなかで、比較的裕福な少数の人びとは高等教育を受けるようになり、弁護士や教員、公務員、企業経営者などになっていきます。こういう人びとは、当初、イギリスの支配下で利権を得ていましたが、ビルマ州に移住してきたインド人などとも競合関係にあり、ビルマ人としてのアイデンティティを強めていったとされます。

第一次大戦のなかで「民族自決」がうたわれ、世界中に広がると、ビルマでもイギリスに対して自治を求める運動が開始されます。オーストラリアなどのような自治領（ドミニオン）になることをめざす運動です。イギリスは、特にナショナリズムの強かったインドに対しては段階的に自治を与えることを約束しますが、ビルマには部分的な参政権を付与するにとどめます。

一九三〇年、ビルマではタキン党が結成され、ナショナリズムがさらに強まります。タキン党は、のちに指導的な役割を果たすアウンサン、戦後に独立したビルマの初代首相となったウー・ヌーなどを輩出した政党で、それまで「自治」の獲得をめざすにとどまっていた状況を克服し、イギリスと妥協せずに「独立」をめざす姿勢を明確にします。

こうした運動の高まりのなかで三七年、イギリスはとりあえずビルマをインド総督の支配からはずし、直接に支配するようになります（英領ビルマ）。イギリスがつくったビルマ統治法では、議院内閣制が定められ、権限が弱いとはいえビルマ人が首相につくようにもなります。初代植民地政府首相となったのは、タキン党とは一線を画し、自治領をめざしていたバーモウでした。

それでも独立運動は弱まることなく、三八年から三九年にかけては反英ゼネストも決行されます。三九年にはビルマ共産党も結成されました。日本が対英米戦争に突入し、ビルマを占領するのは、こうした流れのなかでのことでした。

### ●日本によるビルマ占領の開始

イギリスは三九年一月、日本の侵略を受けていた中国を助けるため、ビルマから重慶に至る物資輸送ルートを開通させました（蒋介石を援助するためのいわゆる「援蔣ルート」）。この年の一一月、イギリスはビルマに対し、将来は自治領の地位を与えると約束します。予想される対日戦争でビルマ人の協力を取り付けようとしたわけです。しかし、ビルマ人の多数が要求していた独立とはほど遠く、自治領となる時期さえ約束しないものだったため、ビルマ人の不満は高まります。

一方の日本は、援蔣ルートのうちインドシナのハイフォンからのルートは、四〇年秋に開始した進駐によって閉鎖させましたが、ビルマルートには手をつけられないでいました。ビルマルート閉鎖のためには、イギリスの植民地支配を揺るがす必要があり、独立をめざすビルマ人との間で利害がここに一致することになります。

日本は四一年二月、ビルマからアウンサンを含む三〇人の青年を脱出させ、秘密に軍事訓練を行います。対米英戦争に突入すると、日本はこのビルマ人を核として「ビルマ独立義勇軍」を組織し、日本軍二個師団（その後、増派）とともに侵攻し、四二年五月までにほぼ全土を制圧することになるのです。

この過程で、東条首相は施政演説を行い（四二年一月）、ビルマとフィリピンは将来、独立させる方針を示しました。当時、ビルマだけでなく世界的に植民地では独立運動が広がっており、アメリカとイギリスは大西洋憲章を発表して、植民地の人びとを味方にしようとしていました。日本もまた、こうした流れを無視して、ただアジアを占領するというわけにはいかなかったのです。

けれども、日本は当初、ビルマに軍政を敷きました。政府のなかでは、独立か軍政かで路線の対立がありましたが、軍事的な必要性が優先され、独立は早くても戦争終了後とされたのです。ただし、軍政を敷いたといっても、ビルマ人の協力なしには何もできません。日本が協力の相手として中央行政府長官に選んだのが、初代植民地政府首相だったバーモウでした。

ところが翌四三年八月、一転して日本はビルマに「独立」を付与します。バーモウが首相で、アウンサンが国防大臣という布陣です。この変化の背景は、連合軍の攻勢が目前に迫るなかで、占領地の人びとの協力をどう確保するかが優先されたことにありました。独立を求めるビルマの人びとと敵対するわけにはいかなくなった事情があったのです。

しかし、「独立」を与えたとはいえ、日本とビルマが結んだ秘密協定により、日本軍は戦争が続く限り駐留と行動の自由を許され、ビルマ国軍は「共同防衛」の名目で日本軍の指揮下に入ることが決まりました。また細目協定では、必要に応じてビルマ警察も日本の統制下に入るとされました（波多野澄雄『太平洋戦争とアジア外交』東京大学出版会）。実態的には独立とはほど遠かったといえるでしょう。

## ●首相としてのバーモウの役割

ただ、バーモウやアウンサンが対日協力をしたといっても、いわゆる日本の傀儡《かいらい》だったかというと、そう単純ではありません。そもそも、それまで親英的と思われた人の多くが、対日協力の側に回りました。ある研究者は、そうした親英的な高等文官がイギリスの総督に宛てた手紙（四三年九月二日付）を次のように引用し、イギリスの支配の問題点を指摘しています（根本敬『抵抗と協力のはざま』前出）。

「日本軍の強制によってこれだけの（「親英的」エリートの）人々がパモオ（バーモウのこと――引用者）政府に加わるとは考えにくい。……（ビルマ国内の親英的）知識人たちは次のように語っているのではないか。――英国は……ドミニオンをあいまいな表現で約束したが、その時期を明確にしなかった。それに対し、日本は確かに帝国主義国家として悪事をおこなった過去を有するものに、（ビルマのために）独立という措置をとってくれた。英国はいずれ（ビルマに）復帰するかもしれないが、少なくとも現段階では（戦前の）あいまいなドミニオン付与の約束を超える提案は示されていない」

独立ビルマで首相になったバーモウは、日本の実質的な支配の枠内であっても、独立を意味あるものにしようと努力しています。たとえば、日本軍とビルマ警察との間でトラブルが発生した際、バーモウの許可を得た内務大臣は、日本軍に与えられたビルマ警察への指揮権は戦場に限られているとして、秘密協定の解釈で有利に立とうと努力しています。現在の日本が、日米地位協定の解釈でアメリカに楯突くことがないことを考えても、ビルマの努力に意味があったことが分かります。

ビルマはいちおうは独立国だったので、その憲法で公用語はビルマ語だと定められました。イギリス支配時代、三権の場では英語が公用語とされ、新しく導入された司法用語等にはビルマ語訳さえない状態が続いていましたが、バーモウは、憲法規定を活用して、積極的に英語のビルマ語化を進めました。これは、日本の撤退後に戻ってきたイギリスが、再び英語を公用語として押しつけたこともあり、意義のあることだったとビルマでは捉えられているようです。

## ●アウンサンも独自の役割を果たしていた

アウンサンはどうでしょうか。バーモウと異なり、もともと独立派だったアウンサンであり、国防大臣（国軍最高司令官兼務）となってからも、周りには独立をめざす同志が多くいました。

そういう勢力のうち、ビルマ共産党と人民革命党に属する人びとは、日本占領下で非合法活動を続け、農民に抗日思想を教育したりしていました。また、アウンサンとともに国軍に属した人びとのなかには、軍内部に抗日組織をつくり、アウンサンに対して抗日蜂起を呼びかけるものもいたそうです。

当初、日本軍との圧倒的な力の差を自覚し、その呼びかけに否定的だったアウンサンですが、四四年夏、日本軍によるインド侵攻のインパール作戦の失敗を機に、態度を変えていきます。共産党、人民革命党、国軍を基礎にして反ファシスト人民自由連盟（略称パサパラ）を結成し、議長に就任することになるのです。

パサパラは、四五年三月、一万人を超える規模で武装蜂起に打って出ます。これが日本軍を追いだす上でどれほど軍事的に意味があったのかは諸説ありますが、政権のなかにいたアウンサンが、非合法組織と協力し、いわば全国民的な規模での蜂起となったことは、政治的には重要な意味があったといえます。

アウンサンは蜂起にあたり、イギリスの協力を得ようとしますが、イギリスはパサパラの力を侮っていて、当初、無視していました。しかし、現実に蜂起が広がるのを見て、イギリスは、パサパラを協力相手とすることを決断し、ラングーン陥落（五月）のあと、イギリス軍に組み入れます。そして八月、日本は敗北へと追い込まれるのでした。

## ●「対日協力者」がいたから独立が容易になった

こうして、戦争の最終局面において、ビルマでは対日協力者と非合法組織が協力し、日本に歯向かうという構図がつくられました。バーモウも、いったん日本に亡命しますが、四六年にビルマに帰国します。

イギリスのなかには、アウンサンやバーモウなどの対日協力者を処分する動きもありました。しかし、アウンサンがビルマ解放の上で大事な役割を果たしたことは否定することができず、高く評価する声もありました。また、そもそもイギリスには、日本軍に敗退して逃げ出した過去がありました。バーモウも含め、日本に抵抗しなかったから処分するという理屈は、イギリス国民を納得させることもできず、処分されることはなかったのです。ビルマ国民にとっては、対日協力も独立のためのやむを得ざる選択だと受け入れられる素地がありました。

イギリスは、日本の敗北後、再びビルマを直接に統治することを決めます。自治領化に踏み切るのは何年先になるか分からないということでした。

けれども、日本の占領下で欺瞞に満ちたものとはいえ「独立」を経験し、その日本と自力で戦った経験を有したビルマ人が、そういうイギリスの方針に納得することはありませんでした。ビルマ国民はアウンサンを先頭にして平和的な独立闘争を推し進め、四八年、晴れて独立を勝ち取ったのでした。

〈インドネシアの場合〉

●オランダの植民地としてのインドネシア

現在はインドネシアと呼ばれる島々には、一六世紀からオランダ、イギリス、ポルトガルが香辛料を求めてやってきていました。そのなかで、一七世紀にはオランダ東インド会社が抜け出し、バタヴィア（現ジャカルタ）を本拠として覇権を確立します。オランダは、一八世紀、一九世紀を通じて軍事支配を進め、インドネシア全体を支配下に置くことになります。当時の日本ではオランダ領東インド（蘭印）と呼ばれた地域でした。

二〇世紀を迎えると、オランダは現地住民が通える小中学校や官吏養成学校などを設立し、そこを卒業したもののなかからオランダの大学に入学するものもあらわれます。こうした変化を背景に、インドネシアでもナショナリズムが芽生えてきます。一九〇八年には、学生が中心となって「ブディ・ウトモ（「最高の英知」の意）」と呼ばれる団体が結成されるなど、ビルマと同様、知識人から覚醒が始まります。オランダと対立するのでなく、原地住民の社会的地位の向上をめざす穏健な運動の開始でした。

一九二〇年、アジアで初めての共産党がインドネシアで結成されると、様相が変わってきます。インドネシア共産党は、労働運動を通じて党員を拡大し、二六年末から二七年にかけて武装蜂起を決行するのです。これはすぐに弾圧されましたが、二七年、今度はスカルノがインドネシア国民党を結成することになります。国民党は、民族の独立を掲げ、「唯一の祖国・インドネシア、唯一の民族・インドネシア民族、唯一の言語・インドネシア語」を宣言します。国民党も非合法化され、スカルノは流刑生活を送ることになりますが、こうして独立の主体は早くから形成されていたのです。

ただし、インドネシア人が議会や行政に登用されることは、ほとんどなかったようです。これはビルマとは大いに異なるところです。

一九三九年九月、第二次世界大戦が勃発し、四〇年五月、オランダはドイツに侵略されて降伏し、大戦終結までドイツに占領されますが、王室などがイギリスに渡って亡命政府を設立します。インドネシアはこの亡命政府の傘下にありました。

## ●日本にとっては戦争に不可欠な石油資源の供給地

日本にとってのインドネシアは、何よりも石油を筆頭とする資源の供給地でした。中国への侵略が進み、フランス領インドシナへの進駐によりアメリカの経済制裁が開始され、資源獲得が見込めなくなると、日本はインドネシア政府（蘭印政府）との間で交渉し、資源を確保しようとします。しかし、蘭印政府は連合国の側にいましたので、思うようにいきません。

その後、対米開戦を決意した日本政府にとって、インドネシアの石油を実力で確保することは至上命題となりました。真珠湾を攻撃するためには、同時にインドネシアをも占領しなければならなくなったのです。対米戦争はそのまま対米英蘭戦争となるということです。

四一年一一月、大本営は、「南方占領地行政実施要領」を作成します。そこでは、有名な軍政の三大原則が、「占領地に対しては差し当たり軍政を実施し治安の恢復、重要資源の急速獲得及び作戦軍の自活確保に資す」とされました。つまりまず、米英蘭と戦争して追いだした後の「治安の恢復」を図り、一番大事な「重要資源の獲得」を急速に行い、しかも現地で自給自足せよというものでした。

日本軍が打ちだす政策のなかでは、その後も資源の獲得が第一義的な重要性を占めることになります。石油が入らなければ戦争が遂行できないのですから、それがリアリズムというものです。

同時に、「東亜新秩序の建設」を戦争目的のなかでどう位置づけるかが、平行して議論されることになります。そこには、資源の獲得というだけでは占領したアジアの人びとの理解を得ることができないという、これまたリアリズムの反映がありました。しかし一方、アジアを完全に独立させてしまえば、日本に反目して資源を確保できなくなる恐れもあります。

資源の獲得とアジアの解放。このふたつをどう両立させるかは、こうして日本軍を悩ませつづけることになります。

## ●インドネシアには独立を付与せず

対米英蘭戦争を開始し、順調に東南アジアを占領した日本軍は、予定通り、占領地では軍政を敷いていきます。インドネシアでは、植民地政府に囚われていたスカルノなどを解放し、軍政への協力を求めます。スカルノも、独立を促進する立場から、日本軍への協力を選択しました。お互いが相手を利用しようとしたのです。

東南アジア占領から一年余が経ち、四三年五月になってつくられるのが、「大東亜政略指導大綱」です。この過程では、アジアの解放をどう位置づけるかが議論の対象となっていきます。ミッドウェー海戦（四二年六月）、ガダルカナル島の戦い（四三年二月）で敗北するなど、日本はこれ以上の「攻勢」をあきらめざるを得ない局面に入り、「大東亜の防衛」が最優先課題となるなかで、占領地であるアジアの人びととの協力を確保することが不可欠となっていたのです。

ただし、「大綱」では、ビルマとフィリピンには独立を付与するが、インドネシアは「帝国領土」とされてしまいます。スカルノらは、「大綱」の決定過程で、日本政府に将来の独立を明示するよう求めましたが、日本は「政治参与」の拡大を約束しただけでした。この年の一一月に東京で開かれた「大東亜会議」にも、インドネシアの代表は招かれませんでした。

独立の付与か軍政の継続か。この両者を分けるものとして政府内で議論されたのは、ビルマなどは植民地下でビルマ人も行政に関与する経験を積んでいたが、インドネシアはそうではないということでした。しかし、「大綱」決定過程では、独立の付与が資源の確保や作戦の遂行の妨げになるという意見も強かったことに見られるように、インドネシアの場合、資源基地としての重要性、進攻が予想されるアメリカとの戦争の都合からも、「独立」は問題外だったのでしょう。

●戦争の最終局面で将来の独立付与の言及を力にして

こうしたインドネシア差別に対して、スカルノらの批判が強まります。これに応えようとしたのが、インドネシア人によるジャワ防衛義勇軍（通称ペタ）の創設です（四三年一〇月）。日本軍部隊を補完するものと位置づけられましたが、それでも原地住民による部隊ができれば、昂揚するナショナリズムを吸収できると考えられたのです。

翌四四年九月、いわゆる「小磯声明」が出されます。小磯首相が議会演説において、インドネシアの将来の独立を宣言したのです。インドネシア人による独立のための準備研究を許可することも決まりました。

この政策転換の直接の契機となったのは、トラック島の陥落（二月）、サイパンの陥落（七月）でした。日本軍が「絶対国防圏」と位置づけた島をアメリカに奪われるなかで、独立に目をつむったままでは、インドネシアの人びとの協力が得られないことを、日本政府も自覚したのです。

小磯声明の時点では、独立の期限を明示することはしませんでした。また、独立といっても、ビルマと同様、日本が事実上は支配することが想定されていました。軍政を担当している現地の軍部は、具体的な措置をとるつもりはありませんでした。

しかしインドネシア側は、この声明を力にして、独立への道を歩んでいきます。独立の準備研究が認められたとして、新国家の憲法草案の起草などを進めていくのです。

日本軍は、進攻するアメリカやオランダとの戦闘を想定し、インドネシア人による軍事組織の拡充を目論みます。ジャワ防衛義勇軍を拡張し、最後には三万三〇〇〇名と、ジャワの日本軍（一万五〇〇〇名）の二倍を超えるまでになるのです。独立を現実のものにできると考え始めたインドネシアの人びとにとって、兵力で日本を上回るようになったという現実は、誇りと力を与えたことでしょう。インドネシアのナショナリズムに共鳴する日本兵も生まれるようになりました。

●インドネシアの本当の独立

四五年八月一五日、日本が降伏します。一七日、スカルノらは、インドネシアの独立を宣言しました。オランダは、この独立を認めず、再び軍隊を派遣して植民地として支配しようとします。大西洋憲章で宣言された民族自決原則を守ろうとしなかったのです。

しかし、ようやく独立を手にしたインドネシアの人びとは、もう外国の支配を容認することはありませんでした。日本の支配下で強大化した軍隊もありました。日本は連合国に武装解除を命令されましたが、兵士のなかには武器を放棄してインドネシアに渡すものもおり、自身が兵士としてオランダと戦うものもあらわれました。オランダを支援しようとしたイギリスも、インドやマレー半島での独立運動に悩まされ、帝国主義同士の「連帯」もできませんでした。

こうして四九年一二月、インドネシアはオランダから主権委譲を受け、独立国家としての第一歩を踏み出すことになったのです。

## 3、本音と建前は区別されるがかかわり合っている

現実に進んだアジア解放の過程をふまえ、日本のアジア占領をどう評価すべきでしょうか。日本のアジア解放は本音だったのか、ただの建前に過ぎなかったのか。

### ●欧米にもアジア解放の志があったわけではない

当時の日本が、アジアの解放を第一義的な目的にして東南アジアを占領したかといえば、そんなことはなかったと言わざるを得ないでしょう。やはり資源が獲得できないと日本の存立が危うくなるという認識があり、だからこそ日本は「自存自衛」を掲げて戦争に突入したわけです。アジア解放というのは、そこに多少の本音があったとしても、資源獲得という基本目的に従属したものだったと思います。

しかも、国際法という角度で見ると、日本の占領は侵略でした。侵略した相手国は、東南アジアを支配していたアメリカ、イギリス、オランダでしたが、たとえそれら宗主国の植民地であれ、植民地を許していた当時の国際法のもとでは、先制的に武力攻撃をした側が侵略国となるのは当然のことです。また、侵略の結果、戦争に巻き込まれたアジアの人びとに多大の犠牲を生み出したことも、率直に認めなければなりません。

では、法的にはそうであっても、実態面で見ればどうなのでしょうか。日本の占領がアジア解放を促進したのかという問題です。

この点でまず指摘されなければならないのは、欧米にもアジアを解放するというような本音はなかったことです。第二次大戦の性格をめぐって、ファシズム・軍国主義の枢軸国陣営に対し、自由と民主主義の連合国陣営という描き方をされることがあります。それは本質の一面を言い当ててはいますが、アジアに関しては正確ではありません。戦前、独立を約束されていたのは、アメリカの植民地であるフィリピンだけであって（だから日本もいち早くフィリピンは「独立」させました）、イギリスとオランダは植民地を独立させることなど考えてもいませんでした。だからこそ、日本が敗退した後、再び占領者として舞い戻り、支配を継続したのでした。イギリスとオランダには（フランスもですが）、建前としてでさえ、アジア解放の意図はなかったということです。

## ●建前と建前との戦いという側面があった

第二次大戦の勃発は、アジアの解放を誰が担うのかという問題を突き付けました。戦争に勝利するためには、日本であれ欧米であれ、アジアの人びとを味方につけることが不可欠になったため、「自分こそが」という打ち出しをすることが求められたのです。

連合国による打ち出しが、アメリカとイギリスによる大西洋憲章（四一年八月）であり、それを基礎にした連合国共同宣言（四二年一月）でした。大西洋憲章の第三条は、「一切の国民がその下に生活せんとする政体を選択する権利」をうたい、「主権及び自治を強奪せられたる者に主権及び自治を返還」することを求めていました。イギリスのチャーチル首相が四一年、この原則はアジアに適用されないと発言したことはすでに紹介しましたが、四三年頃になると、連合国のなかでより普遍的なものにすべきだとする主張が強まってきます。

そうした状況下で、アジアを占領するに至った日本にとって、この大西洋憲章に対抗する原理が必要となってきます。相手側の連合国にとっては、本音がどうであれ、その時点では実際にアジアを占領していないわけですから、理念だけならいくらでも強調することができます。一方、実際に占領している日本がそれに対抗するためには、理念にとどまらず、アジアの人びとを納得させるものが求められます。その出発点が第一節で見た「大東亜宣言」だったのです。東条英機首相は、大東亜会議における演説で大西洋憲章に言及し、憲章で欧米が標榜していることとインド支配の実態が矛盾することを批判したのですが、そのことも、当時、大西洋憲章か大東亜宣言かが争点となっていたことを示しています。大東亜宣言が、日本の支配を揺るがさない範囲のものであれ、それなりの「大義」を打ち出すことになったのは、そういう背景がありました。

## ●建前にも建前だけで終わらない力があった

さらに大事なことがあります。それは、たとえアジア解放が建前に過ぎないものであっても、建前が事態を動かす力になる場合があるということです。

政治家の宣言も、あるいは国際法も、ある意味では建前です。国連憲章にしたところで、武力行使を禁止しておきながら、現実に戦争はなくならないわけですから、建前に過ぎないといえます。

しかし、国連憲章は現在、各国が守らなければならない規範だとは考えられています。実際には国連憲章に違反して戦争する国であっても、第二章で見たように、その戦争が憲章のどこにどのように合致しているかを弁解するわけです。戦後、絶えることなく戦争が行われ、弁解もくり返されましたが、憲章が間違っているので憲章に反して戦争するのだという国はあらわれませんでした。そのなかで、憲章はただの建前で意味のないものだということにはならず、逆に憲章の規範性は強まってきたのです。

大西洋憲章にしても同じです。当初は、イギリスにとっては建前だったのでしょう。しかし、憲章が政府を選択する権利を認めたのは「一切の国民」が対象でした。建前だから通用するのはヨーロッパだけでアジアは別だといっても、次第に矛盾が広がってくるのです。この憲章を楯にして独立を求める人びとのうねりをつくりだしていくのです。

大東亜宣言をはじめとする日本のアジア解放の約束も、同じ構図をつくったと思います。大東亜宣言の中身それ自体については、いろいろ問題点を指摘することは可能です。中身の如何にかかわらず、日本の指導性を前提としていたということも可能ですし、それが事実でもあるでしょう。前文にある「各国が各其の所を得」というのは、国によって役割があるという規定であって、日本の指導性を前提としており、いわゆる民族の自決という考え方とは異なるものだったとも言えます。

しかし、「相互に自主独立」と規定されているので、日本が主権を侵すようなことがあれば、宣言を根拠に反論することもできました。「大東亜を英米の桎梏から解放」するというわけですから、アジア解放という建前を信じて東南アジアに派遣された多くの兵士、軍属にとっても、現実がそれと異なれば悩みを深め、上官に楯突くということにもなったのです。

## ●アジアの解放はアジアの人びとの事業であった

以上述べてきたことは、じつは枝葉末節のことなのかもしれません。実際のアジア解放の過程を見て思うのは、アジア解放とは、そこに住んでいる人びとが自分で闘いとったものだということでしょう。そこに例外はありません。

ビルマでもインドネシアでも、程度の差はあれ、イギリス、オランダに支配されていた当時から、抑圧からの解放を願う現地の人びとの運動がありました。日本が占領者として入ってきた時、人びとの多くは旧宗主国を上回る軍事力を誇る日本との軍事的な対決は避けましたが、そのなかでどうやったら独立に近づけるかを模索したのです。

本章で取り上げなかった国も同じでした。例えばフィリピンは、日本が占領する前にアメリカから一九四四年の独立が約束されており、日本が占領した時点で、ケソン大統領がそれなりの権限を持っていました。日本は、このケソンを味方につけて軍政を進めたいと考えていましたが、ケソンはマッカーサーに同行して脱出し、アメリカに亡命政府をつくることになります。日本は、最高裁判事や司法長官を務めたラウレルに協力を求め、「独立」後はラウレルを大統領の職に就けることになります。

このラウレルにしても、単純な日本の傀儡ではありませんでした。たとえば、アメリカに対して参戦の宣言をすることを独立の条件とする日本側の要求についても、言を左右にして応じませんでした。あるいは、大東亜会議における発言でも、共栄圏は各国の自由自主を認めるべきだとか、日本が栄えてもアジア諸民族が苦しめば日本の利益にならないと「警告」したりしています。

とはいえ、マッカーサーに逆らったようなものですから、ラウレルは戦後、GHQによって巣鴨拘置所に収監され、帰国後、反逆罪で起訴されます。しかし、すぐに恩赦を受け、その後、上院議員にトップ当選するなど、国民はそれなりの評価を与えたのです。

ここにも、対日協力者であれ抗日の志士であれ、独立のために協力し合うという構図を見ることができます。欧米の支配も日本の支配もない独立という大義のため、そのような協力関係が求められたのでした。

## ●罪責史観も「日本会議」史観も超えて

アジア解放の経過を見てきて思うのは、罪責史観も「日本会議」史観も、一面性を免れていないということです。その双方を克服し、光と影を統一的に把握することが求められるということです。

日本が侵略した事実も、東南アジアの人びとに多大の犠牲を強いたことも、やはり否定することができません。日本の戦争がアジアの解放を目的としていたということも、事実と異なることです。法的には日本が侵略したわけではないベトナムに対しても（フランス領インドシナ政府の合意のもとでの進駐だった）、戦後、賠償をすることになったのは、日本の占領下で、さまざまな要因が重なって、四〇万人から二〇〇万人もの餓死者が出たという現実があったからです。こうした現実から目を背けてはなりません

しかし一方、日本が掲げたアジアの解放という大義が、ただの建前に過ぎなかったというのも、一面的な評価になると思います。建前というのは、それがきれい事であればあるほど、それを建前だけでは終わらせないという力を生み出すのです。

そして、その力を生み出すのは、やはり当事者です。この場合、東南アジアの人びとのなかに独立への熱い思いがあったからこそ、建前を本物にするために努力がなされたということが大事だと思います。

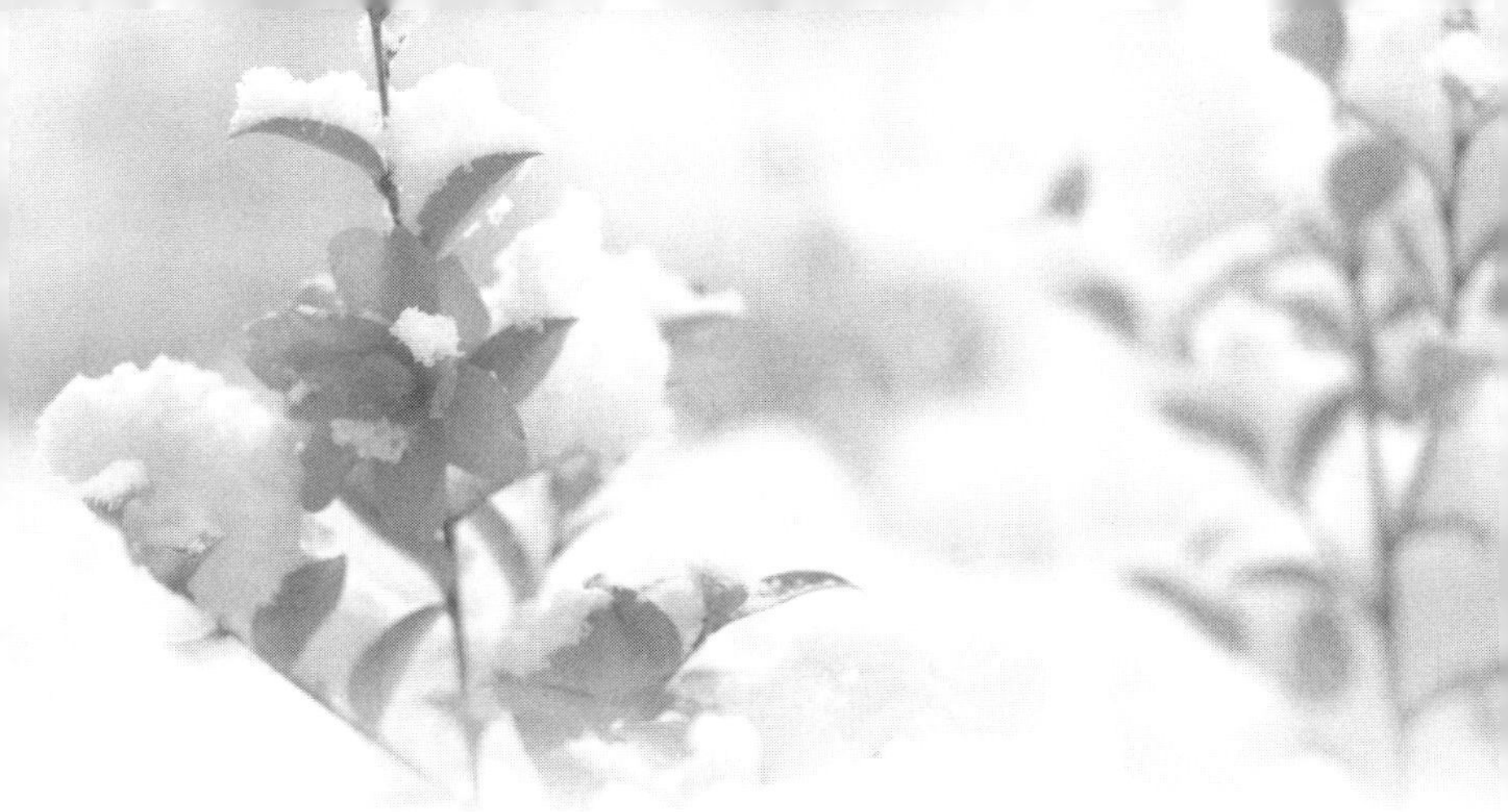

# 第四章
# 勝者の裁きと文明の裁きの狭間で

最後に論じたいのは、「先の大戦」に対する裁きの問題です。東京裁判（極東軍事裁判）の評価をめぐる問題です。

東京裁判をめぐっても、世論の分裂が深刻です。ある人は「文明の裁き」だと持ち上げ、別の人は日本会議を含め「勝者の裁き」だとして侮蔑してきました。

「文明の裁き」とは、よく知られているように、裁判で首席検察官を務めたジョセフ・キーナンの発言から生まれた言葉です。日本の侵略を批判する立場の人びとは、これまでおおむねこの立場を支持してきました。東京裁判の問題点を指摘する場合も、昭和天皇が訴追されなかったことや、A級戦犯容疑者として追加的に裁くことが予定されていた岸信介などの裁判が行われなかったことなど、裁判の基本方向は支持した上で、その不徹底さを批判するのが常です。

一方、東京裁判を「勝者の裁き」とする人も、少なくありません。当時の国際法は侵略を犯罪として裁くほどの水準に達していなかったことはよく指摘されます。また、日本が行った民間人虐殺は裁かれたが、アメリカによる原爆投下などは裁かれなかったことなどは、同じことをしても勝者は裁かれないという構図をまざまざと見せつけたのであり、「勝者の裁き」論に説得力を持たせています。評価は別にして、戦勝国が罪を定義し、戦勝国が裁判官を出して裁くのですから、勝者の裁きであることを疑うことはできません。

私は、東京裁判には重要な意義があったという立場です。しかし、その意義を鮮明にするためにも、東京裁判が「勝者の裁き」であったことを率直に認め、その弱点と問題点をえぐり出す必要があると考えています。そういう見地で問題を論じなければ、「日本会議」史観を乗り越えることはできないと思うのです。

## 1、「勝者の裁き」論が文明を進歩させた

### ●「いかさまな法手続き」で行われた「勝者の裁き」

日本会議は、そのメンバーによるものだけではなく、会としても公式に東京裁判を批判しています。ホームページにもふたつの文書が載っており、ひとつは、「日本は東京裁判史観により拘束されない」(二〇〇八年一一月一一日)というもので、もうひとつは、「戦後政治の原点としての「東京裁判」批判」(二〇〇八年一二月一一日)です。どちらも、佐藤和男氏（青山学院大学名誉教授、日本会議代表委員）によるものですが、会としてオーソライズされているようです。後者では「いくら国際法に基づいた公正な裁判だったと宣伝しても、真実は隠せない。『いかさまな法手続き』で行われた『政治権力の道具』に過ぎなかった」と、東京裁判が強く批判されています。

安倍首相も、七〇年談話発表の際にはふれませんでしたが、「勝者の裁き」論に立っています。総理大臣の答弁として有名なのは、二〇一三年三月一二日の衆院予算委員会におけるものです。

「さきの大戦においての総括というのは、日本人自身の手によることではなくて、東京裁判という、いわば連合国側が勝者の判断によってその断罪がなされたということなんだろう、このように思うわけであります」

日本会議が「いかさまな法手続き」の裁判だというのは、当時、日本の行為が侵略であったとしても、侵略を裁くような国際法は存在していなかったということです。実際、本書が第二章で明らかにしたように、そのような国際法は、第二次大戦当時は存在しませんでした。いまから六年前にようやく確立したのです。

人を裁判にかけるような場合、存在している法に基づき、その法が定める罰則を科すのが当然です（罪刑法定主義）。ですから、東京裁判に重大な問題があったことは、日本会議が指摘する通りだと思います。

しかも、これも第二章で述べたように、当時、外交的、経済的な圧力をくわえられることが、それに対抗する武力の行使を正当化するという考え方もあったわけです。それを裁判にかけるということは、法律を形式的に適用するという考え方のもとでは、成り立ちようがなかったと思います。

## ●侵略を犯罪として裁くという考え方は発展しつつあった

ただし、侵略を犯罪として裁くという考え方や実例が皆無だったわけではありません。公平を期すために、そのことは強調しておかねばなりません。

まず、戦勝国が敗戦国の指導者に何らかの罰を与えるということは、ごく普通のことでした。ナポレオンの流刑を思い起こせば十分でしょう。戦争に負ければそういうことがあり得ることは、戦争する国ならば、常識として知っておかねばならないことでした。

「侵略」国を裁くことを決めた例もありました。ベルサイユ条約で「侵略」という概念が生まれたことは述べましたが、同時にこの条約は、ドイツの皇帝ヴィルヘルム二世を裁判にかけることを決めたのです。日本が責任を問われる戦争を起こせば、たとえ第一次大戦のドイツと同じくどっちもどっち程度の責任であったとしても、日本が裁判にかけられることは自覚しておかねばなりませんでした。

ただし、ドイツ皇帝が起訴された理由は、「侵略」の罪を犯したからではありませんでした。すでに述べたように、侵略の認定は賠償をさせるためのものであって、皇帝が問われたのは「国際道義と条約の神聖さに対する最高の罪」という、意味不明のものだったのです。当時の国際社会は、やはりまだ侵略を理由として国家の指導者を裁判にかけるという水準には、まだまだ達していなかったということです。

なお、ベルサイユ条約は、ドイツ皇帝を裁くために五か国が裁判官を出すことを決めました。日本はその五か国のひとつでした。それには合意しておきながら、日本が裁かれる場合には、「いかさまな法手続き」だと批判するというのでは、あまり説得力がないことも指摘しなければなりません。

さらに、その後、日本も同意して不戦条約が締結され、侵略は違法だということが明確になりました。ですから、もし侵略する国があらわれれば、敗戦した国の指導者の罪が問われた過去の実例を考慮すれば、裁判はあり得ないとまでは言えなかったと思います。それにしても、そういう実定法はできていなかったし、ましてや慣習法になったとはみなせなかったというだけのことです。

## ●国家の政策を裁くことの固有の難しさ

侵略のような行為を裁くのは、固有の難しさがあります。いまや侵略が犯罪として裁かれる時代になりましたから、違和感を持たない人が多いかもしれませんが、侵略犯罪というのは、他の犯罪とは質的に異なるのです。

普通、犯罪というのは、人を殺すなど、危害を誰かにくわえることです。被害が存在することが明白ですから、被害の規模に応じて、判決の結果が重くなるという構造になります。

しかし、侵略という行為それ自体は、危害をくわえることとは別の次元のことです。侵略というのは、あくまで国家の政策に過ぎないものです。

もちろん、侵略の結果として、軍隊が民間人を殺傷したり、捕虜を虐待したり、誰かに危害をくわえるわけです。侵略がなければ、危害も生まれることはありません。だから、侵略を裁くのは当然のように思えます。けれども、民間人の殺傷にせよ捕虜の虐待にせよ、戦争にともなって相手に危害をくわえる行為は、第二次大戦の時点においても、すでに各種の条約で裁かれる罪として位置づけられていました。ポツダム宣言でもそういう罪は裁くことが明記されており、日本政府も覚悟していました。

そういう意味で、侵略という国家の政策それ自体を犯罪とすることは、人類史上、まったく新しいものだったのです。この点で、日本の罪とドイツの罪には、同じところも違うところもあります。

ナチス・ドイツが犯した「人道に対する罪」も、侵略犯罪と同様、第二次大戦の結末をふまえて新しくつくられた犯罪概念です。特定の民族を抹殺するという政策を立案したものを裁くという点で、侵略の罪と同じような性格を持ちます。しかし、人道に対する罪は、ユダヤ民族を抹殺するという政策にもとづくものであり、その政策の遂行自体が、実定法でも許されない殺人などの危害を生み出すことは明白です。侵略とは異なって、それまでの犯罪と同一線上のものという側面もあわせ持つのです。

ですから、やはり侵略という国家の政策を裁くということは、歴史上は異例のことでした。裁かれた側に割り切れなさが残ったのは当然だと思います。

## ●法律が時代に合わなくなることがある

それならなぜ、私が東京裁判を全体として肯定的に捉えるのか。そこにはいくつかの理由がありま す。

罪刑法定主義は守られなければなりません。しかし一方で、法律は変わらないのに、法律の解釈が変わってしまって、それまでは合法だったことが違法になるということは、そう多くはありませんが、あり得ることです。法律が時代に合わなくなるということです。

安倍首相にはこれは説明不要かもしれません。何といっても、情勢の変化を理由に集団的自衛権の行使を違憲から合憲に変えてしまった人ですから。衆参の圧倒的多数を背景にした、まさに「勝者の解釈改憲」だったと思います。日本会議も、こうした法解釈の変更は支持するわけですから、これも「いかさまな法手続き」ではないのかという問いには答えなければなりません。

集団的自衛権の問題のように、正反対のものへの解釈変更は法治国家としてあり得ないにしても、ある解釈が次第に時代の現実とずれてしまって、多くの人が納得するようなかたちで解釈が変更されることは時として生じます。例えば非嫡出子差別問題もそうです。日本では長い間、憲法一四条が規定する「法の下の平等」原則にもかかわらず、民法によって嫡出子と非嫡出子の法定相続分の差別が認められてきました。憲法解釈がそれを許容してきたのです。しかし、国民の人権感覚が少しずつ高まるなかで、こうした差別は許容できないという理解が広がり、二〇一三年になって最高裁がこれを違憲だと判断しました。憲法は変わらないのに、ある行為の解釈が合憲から違憲へと一八〇度変わったのです。

侵略の問題も似たようなことがいえます。侵略が違法であり、裁かれなければならないという国際法的な考え方も、少しずつ広がってきたわけです。日本の「先の大戦」の時点で、まだ定着したわけではなかったけれども、とにもかくにもそういう方向に向かっていたのです。

## ●跳躍台だが踏まれた人の違和感は残る

もちろん、非嫡出子の例と侵略の例は、同列に論じられるものではありません。非嫡出子の問題の場合、憲法に反するという判断が下されても、民法を改正するまでは元の規定が適用されるという法的な安定性が確保されていました。侵略の場合は、東京裁判の前と後では、深い断絶があります。

その断絶の捉え方が大事だと思うのです。日本の戦争というのは、いわば、人類の認識を飛躍させる跳躍台のような役割を果たしたということではないでしょうか。量から質への転化の起爆剤となったと表現すればいいでしょうか。少しずつ侵略を犯罪として捉える方向に変わっていくなかで、日本とドイツの侵略によって世界で五〇〇〇万人が犠牲となる現実を目にした人類が、「ここがロドスだ、ここで跳べ！」として、法律と実態の乖離を一挙に乗り越えたわけです。そして、人類の飛躍が刻印されたものとして国連憲章五一条で侵略が定義され、東京裁判をすることになった。

こうして、東京裁判の時点で国連憲章はできていたのですから、五一条を引いて、侵略とはこういうものなのだと検察官が主張することも可能だったのです。ところが、裁く側の人も、自分が跳躍していることへの自覚はないので、五一条が大事なものだと思っていません。

実際、東京裁判の膨大な記録のすべてに目を通しているわけではありませんが、そういう議論はされていないようです。対米戦争について見ても、日本の行為を侵略だと論証するには、国連憲章五一条の見地から見ると、真珠湾で最初に武力攻撃をくわえたというだけで十分だったのです。それなのに、検察側は当初、無通告で真珠湾を攻撃したことを侵略の証拠のように主張しました。しかし、日本側の手違いで通告が遅れたことが明らかになってくると、この議論自体が沙汰止みになってしまいます。そしてこの問題は、裁判の判決でも、まったく言及されないで終わり、検察側に道理がないように思われる結果になります。

中国や東南アジアへの侵略についても、日本が最初にこれらの国・地域に武力攻撃をしたということだけで、侵略の証明はできるのでした。中国は日本の領土に武力攻撃をしていないのに、日本だけが中国に武力攻撃をくわえているわけですから、それで証明になるのです。ところが検察側は、日本が早い時期からアジア全域の侵略を構想し、そのために共同で謀議をめぐらせ、軍国主義を教育して準備を進め、すべて計画的に事を進めたということを証明しようとしました。その結果、事実や論理に破綻する場面が生まれたりします。

もともと罪刑法定主義からすれば問題がある上に、最大の問題である侵略の証拠という点でも、いろいろな弱点を露呈することになりました。この結果、跳躍台といっても踏み台であることに変わりありませんので、踏まれた側に違和感が嫌悪感が残るのは避けられませんでした。「勝者の裁き」を強烈に印象づけることになったのです。しかし、それを指摘した上でも、東京裁判は大事なものだったと強調しなければなりません。

## ●「勝者の裁き」論が文明を進歩させた

誤解を恐れずに、この問題での私の結論をいいましょう。以上の点で、東京裁判は、やはり「勝者の裁き」でした。より正確にいえば、「勝者によってゆがめられた文明の裁き」でした。しかし、そうやって東京裁判を「勝者の裁き」と位置づけ、批判してきた人びとがいたからこそ、戦後、長い時間がかかっても、侵略が定義され、犯罪として裁かれるという、文明の高みが訪れたと思います。

戦後すぐに国連が侵略を定義し、犯罪として裁く努力を開始したのも、東京裁判が弱点だらけであることへの自覚があったからです。侵略を定義もせず、それを犯罪として裁くための条約もつくられていない状態で、戦勝国が一方的に裁判所をつくり、戦勝国だけで裁判官を構成して判決を下したことへの批判が日本のなかに根強くあり、世界でもそれが共有され、その批判が国連にも届いていたということです。

米ソ冷戦のさなかには、さすがにそのための作業は進みませんでした。しかし、東京裁判のようなことをくり返してはならないという自覚は、国際社会に根強く残っていたのです。だから、冷戦が終わり、それでも残虐な戦争がなくならない現実を前にして、東京裁判所のようではない裁判所——常設で（すなわち戦勝国が激情にかられて設立するのではなく）、公平で（すなわち戦勝国だけが裁判官を出すのではなく）、しっかりした条約で確立した定義にもとづいて判決を下す裁判所——を創設することへの意欲が一挙に吹き出し、国際刑事裁判所ができあがったのです。

これまで安倍首相が「勝者の裁き」論を持ち出すとき、外交的配慮からおずおずとしていた面があったと思います。でも、「勝者の裁き」論には意味があったのです。「勝者の裁き」論が文明を進歩させたともいえるのです。日本会議も安倍首相も、そのことを強く主張してきた一員だったことに、もっと自信を持っていいのではないでしょうか。

## 2、「敗戦ストレス」から抜け出すために

### ●日本だけが侵略国のままだから

「勝者の裁き」論に自信を持てといいましたが、「日本会議」史観派の人びとにとっては困難なことかもしれません。戦勝国であるアメリカにいつまでも頭が上がらない状態が続いているからです。

「日本会議」の面々が東京裁判をいつまでも批判するのは、ただ七〇年前のことに不満があるからではないと思います。もちろんそれまで侵略が裁かれることはなかったのに、日本（とドイツ）だけが裁かれたわけですから、日本人のなかに不満が残るのは当然でしょう。しかし、何事にも、始まりというものはあります。日本が最初に裁かれたけれども、それに続いて侵略をする国が次々と裁かれたならば、「勝者の裁き」論がいつまでも幅を利かすこともなかったでしょう。

ところが世界の現実はそうではありませんでした。第二次世界大戦後、誰が見ても「侵略」だと評価されるような戦争はいくつも起こりましたが、裁かれる国はひとつもあらわれませんでした。日本だけが裁かれたという現実は、ずっと残り続けているわけであって、「日本会議」史観派の不満もなくならないままでいます。

しかも、戦後、侵略をし続けた国の代表格は、日本を侵略国だと認定したアメリカでした。そして、「日本会議」史観派のすべての人びとがそうだとまではいいませんが、この派に属する少なくない人びとは、アメリカの侵略を批判できないでいました。

## ●「日本会議」史観派が抱える「敗戦ストレス」

その代表格が日本政府の指導者でしょう。橋本龍太郎首相（当時）が、「第二次世界大戦後、我が国が国連に加盟いたしまして以来、我が国が、米国による武力行使に対し、国際法上違法な武力行使であるとして反対の意を表明したことはございません」と答弁したことは有名です。

日本政府の指導者たちの多くは、東京裁判に不満を持っているわけです。アメリカが一方的に侵略を認定し、日本を裁いたことを不満に思っている。しかし、東京裁判の結果を受け入れるということは、サンフランシスコ条約で日本が独立を保障された前提事項のようになっていて、いまさら覆すことはできない。それだけではなく、アメリカの軍事戦略に全面的に身を委ねている結果、アメリカが侵略をしても支持し続けなければならない。それが日本なのです。不満が高じるのは当然でしょう。

だから、その不満を解消するため、国内向けには「勝者の裁き」だと口を極めて批判することになります。とはいえ、その批判がアメリカに届いてはいけないので、やはりおずおずとしたものの言い方にならざるを得ない。それがこの問題の構図だと思われます。民間の「日本会議」史観派は、もっと堂々とものが言えるはずなのですが、日本政府の対米姿勢を支持する人びとも多く、アメリカと事を構えるほどの勇気があるわけでもありません。

こういう構図をどう表現したらいいのでしょうか。本音を口にしないと「日本会議」史観派の結束が図れないのに、本音を口にしすぎてアメリカを怒らせてはならない。こういうジレンマを戦後ずっと抱えていたわけですから、「日本会議」史観派というのは「敗戦ストレス」を抱え続けた存在だと感じます。

### ●侵略はどの国であれ許さないという立場で

しかし、「日本会議」史観派がジレンマから脱して、ストレスを解消するのは簡単なのです。日本が侵略を批判されたのと同様、どんな国であれ侵略をする国があれば、その国を批判するという一貫した態度を取ればいいだけなのです。中国が侵略的な態度に出ればちゅうちょなく批判するように、アメリカが侵略をすればその罪を問う側に回ればいいというだけのことです。

同盟国だから無理だと考える人がいるかもしれません。けれども、イラク戦争の頃を思い出してください。あの時、アメリカの同盟国であるフランスやドイツ、カナダなどが、アメリカの戦争は支持できないとして反旗を翻しました。同盟国であることと、アメリカの戦争を支持することとは、完全に一致しなければならないというわけではないのです。

同盟の強さが違うという意見もあるでしょう。イギリスのような国もあるのだと。でも、イギリスにしても、例えばアメリカがグレナダに軍事介入をしたとき（八三年）、サッチャー首相がレーガン大統領をきびしく批判したことがあります。当時のウォール・ストリート・ジャーナル紙が、イギリスの態度について、「調子の良い時だけの同盟国」と題する社説を掲げたほどでした。二〇一四年一一月になって、レーガン大統領がサッチャー首相に対し、事前にグレナダ軍事侵攻を相談しなかったことを「深く反省している」と述べた電話の録音が公開され、話題になりました。

アメリカの戦争に反対したことのない同盟国は日本だけという現実。これを屈辱的と考えるか、それとも大事なことだと考えるか、捉え方は立場により違いがあるかもしれません。しかし、本音ではアメリカを批判したいのに、アメリカを批判してはならないという建前に支配され、その枠内でストレスを抱えながら政治に携わるというのは、あまり健全ではないように思います。どこかで破綻するのではないかと心配です。それとも、そういう分裂を何とも思わないほどアメリカへの従属が血肉化しているのだとしたら、それも哀しいことです。

## ●日本は賠償を果たし、自分の請求権は放棄した

「日本会議」史観派の「敗戦ストレス」の原因はもうひとつあります。アメリカによる原爆投下の問題が清算されていないことです。罪責史観派は、反米的な傾向を持つ場合が多く、原水爆禁止運動にもかかわり、原爆投下に謝罪を求めてきました。しかし、「日本会議」史観派の多くは、アメリカの核抑止力に依存する日本の政策を支持しており、原爆投下を批判する場合もおずおずとしたものにならざるを得なかったのです。

侵略犯罪と異なり、戦争の過程における民間人虐殺は、交戦国の双方が行ったものです。日本によるものとしては、中国に対しては南京虐殺などがあり、アメリカなどに対してはバターン死の行進など捕虜の虐待も問われました。同時に、アメリカによるものとしては、原爆投下や大都市空襲があり、ソ連によるものとしてはシベリア抑留などもあります。

これらの行為に対して、日本は、東京裁判で裁かれ（被告二五名全員が有罪判決を受け、絞首刑七名、終身刑一六名、有期刑二名）、アジア各国との間で条約を結んで賠償も行いました。韓国との間でも、日韓基本条約を結び、関連協定で請求権の問題も「完全かつ最終的に解決された」とされました。

日本のこうした責任の果たし方について、いろいろな議論があります。ドイツとの比較でよくある議論については次節で取り上げますが、十分か不十分かは別にして、日本が何らかのことをしてきたのは間違いありません。また日本は、こうして責任を果たす一方、日本自身の連合国に対する請求権は放棄

しました。連合国との間で結んだサンフランシスコ条約で、「戦争から生じ、又は戦争状態が存在したためにとられた行動から生じた連合国及びその国民に対する日本国及びその国民すべての請求権を放棄し」たのです（第一九条）。

## ●連合国の犯罪が裁かれていない問題を克服する

ところが、連合国の側からは、原爆投下をはじめとする戦争中に日本人にくわえられた犯罪行為に対して、謝罪すらされていません。日本政府もまた、請求権を放棄するという条約規定を律儀に守り、賠償の請求もしていません。

一九三一年に始まるアジア・太平洋戦争における侵略の罪は、一人日本のみが負うべきものでしょう。開戦に至る経過ではアメリカなどにも相応の責任があると思いますが、武力攻撃を先制的に行うのが侵略であるという確立した定義からして、侵略の罪を負うのは日本以外にはありません。しかし、民間人虐殺ということは、どちらが侵略したかどうかにかかわらず、その虐殺に責任を負う人びとが裁かれなければなりません。そういう種類の罪なのです。

この問題が残されたままでは、日本人の割り切れない思いはぬぐいきれないでしょう。日本ではよく、南京虐殺はなかったとする類の議論が蒸し返されることがあります。ここには、事実を見ない不誠実さがあるのですが、同時に、「おまえたちもやっていただろう、その責任はどうするのだ」という意識が背景にあると思うのです。そういう状況のもとでは、いくら南京事件にまつわる事実を発掘し、提示しても、納得は得られないという構造があるのです。

ですから、政府内の「日本会議」史観派がやるべきことは、南京事件をユネスコの世界記憶遺産にしようとする動きを批判することではなく、ましてやユネスコの分担金を出さないなどとみっともない揺さぶりをかけることでもありません。そうではなくて、第二次大戦における連合国の犯罪をどう追及するのかを、現時点にふさわしく考えることです。

## ●オバマ大統領の広島訪問を第一歩として

日本が追及すべき中心問題は、誰がどう見ても、広島と長崎への原爆投下でしょう。被害の規模といい、被害の性質といい、連合国による犯罪のなかで最悪の行為ですから、この問題を清算することなしに、日本にとっての戦後は終わりません。

一九五五年のことですが、広島と長崎の被爆者が、国を被告として裁判に訴えました。アメリカの原爆投下は国際法に違反する行為であって、被爆者がアメリカに損害賠償を請求できるが、サンフランシスコ条約で請求権を放棄しているので、代わって日本政府が保障すべきだという裁判でした。その裁判の結果、六三年一二月、東京地方裁判所は、原告の請求は退けましたが、判決のなかで、国際法が非戦闘員や非軍事施設への攻撃を禁止していること、また不必要な苦痛を与える兵器の使用を禁止していることからして、アメリカの原爆投下は国際法に違反するとしました。

原爆投下はそういう性格の問題なのです。東京裁判の結果を受け入れたからといって、原爆を投下したアメリカの責任を追及することは禁止されているわけでもないし、法と正義の観点からも追及しなければならないものなのです。もちろん、いまさら裁判を開くことも現実的ではないし、賠償請求権は放棄しているからそもそも要求できないわけですが、アメリカ大統領に公式の謝罪をさせる程度のことは、絶対にしなければなりません。

アメリカの核抑止力に依存している日本がそんなことはできないと、「日本会議」史観派は言うかもしれません。実際、この数年間、国連総会の場で、核兵器使用の非人道性に焦点をあて、核兵器不使用と核廃絶を求める決議が採択されてきましたが、日本政府は、そのうちの「(核兵器不使用が）いかなる状況においても」人類の生存にとって利益になるという部分を問題にし、賛成してきませんでした。日本を守るための核兵器使用には反対できないというのが理由でした。

しかし、二〇一三年からは、日本政府は態度を変え、同様の決議に賛成するようになっています。核抑止力に依存するかどうかは別にして、核兵器が使用されることの非人道性というところに着目すれば、そういう態度がとれるということです。それならば、アメリカの大統領に人道面からの謝罪を求めることはできるし、求めなければならないと思うのです。

オバマ大統領の広島訪問（二〇一六年）は、そこに向かう一歩になり得ると思います。この一歩に満足することなく、公式の謝罪を求めて努力すべきです。

## 3、ドイツと日本――それぞれの責任の果たし方

この問題の最後に、よく話題になるドイツの事例を検討しつつ、東京裁判の問題を振り返りたいと思います。ドイツは先進的で日本は遅れていると言われることが少なくありませんが、本当にそうなのかという問題の検討です。

### ●両国に対する裁判は似ているのか違うのか

「先の大戦」で日本とドイツが侵略を行い、いろいろな犯罪行為にも手を染めたということで、戦後、両国が裁判の対象になりました。裁判の基準となった憲章（日本は極東軍事裁判憲章、ドイツは国際軍事裁判憲章）も一見よく似ており、両国が比較されるのは自然の流れです。

一方、日本会議は、二〇一一年に国会で日独友好の国会決議が採択されたとき（修好条約締結一五〇年記念）、反対する態度をとりました。日本会議国会議員懇談会は、その反対理由のひとつとして、ドイツのホロコーストは日本とは比較にならない性質のものだと述べています。

「このようにドイツとは、開戦に至る時期も経緯も異なる。それを一方的に両国が『各国と戦争状態

に入り、多大な迷惑をかけるに至った』と同一に論じれば、特にユダヤ人殲滅を企図して計画的に虐殺を実施したナチスドイツのホロコーストを含むドイツの歴史と我が国の歴史を同一視することになり、断じて容認できない」

両国を比較するためには、両国の裁判とそれにまつわる問題の「違い」を、まず詳しく知っておく必要があると思います。比較できないものを比較して、「あっちは優れていて、こっちは遅れている」と断定してしまっては、正確な比較にもならないからです。

両国とも、裁かれる対象になった罪が三つ（ドイツの場合はＡＢＣ、日本の場合はイロハ）だったことは共通しています。Ａ（イ）が平和に対する罪（侵略犯罪）、Ｂ（ロ）が通例の戦争犯罪、Ｃ（ハ）が人道に対する罪です。ただし、実際に問題になったことは、両国でかなり異なります。

## ●日本では平和に対する罪が問題になった

日本の場合、このうちのＡ（イ）である平和に対する罪が特別に重視されていたことが、裁判の特徴だったと言えます。憲章では、被告とされる場合は「平和に対する罪を包含せる犯罪につき」として、ＢＣ級の犯罪容疑だけでは被告とすることはできず、かならずＡ級犯罪の容疑のあるものだけが被告になるとされました。ＢＣ級の犯罪はＡ級と比べると「軽い」位置づけだったと言えます。ドイツを裁いた憲章には、こういう規定はありません。

起訴状では、よけいにその傾向が感じられます。訴因といって、具体的な犯罪事実が記載されるのですが、五五あった訴因のうち、「平和に対する罪」が三六を占めて重視される一方、ＢＣ級の犯罪は「通例の戦争犯罪及び人道に対する罪」として、ドイツと異なり区別もされず、ごちゃまぜの扱いでした。

実際に下された判決を見ると、さらにその傾向が広がりました。通例の戦争犯罪で有罪にされた被告はいましたが、人道に対する罪では一人もいなかったのです。ただし、平和に対する罪だけで絞首刑になったものは、日本にもドイツにもいませんでした。絞首刑ほどの極刑を科されるのは、たんに侵略という「政策」づくりをしたというだけでなく、殺人その他の残虐行為にかかわったことが不可欠だという点では、両裁判は共通していたわけです。

## ●ドイツで問題になったのは人道に対する罪

これに対して、ドイツで重視されたのは人道に対する罪です。というよりも、人道に対する罪という概念自体が、ナチス・ドイツによるユダヤ人虐殺という蛮行を裁くために生まれたと言った方が正確でしょう。

以前から存在してきた戦時国際法は、占領地の住民に対する虐待や殺人を禁止しており、これを通例の戦争犯罪として裁くことができます。しかし、ナチスによるユダヤ人虐殺は、そのカテゴリーでは裁ききれないと判断されました。

まず、戦時国際法というのは、あくまで「戦時」のものだということです。ドイツが東欧を侵略する過程（戦時）においても、アウシュビッツで知られるような虐殺があったわけですが、ナチスによって虐殺されたユダヤ人のなかには、ドイツ国籍を持つ人もおびただしく存在した点でも、ドイツによる侵略戦争が開始される前（平時）に虐殺が開始されていたという点でも、戦時国際法の範囲をはるかに超える犯罪として対応する必要があったのです。

しかも、戦時国際法で裁くという場合、裁く対象となるのは虐待や殺人を犯した当事者、あるいはそれを命令した上官ということになります。その考え方で裁判をする場合、犯罪の現場にいなかったナチスの最高指導者は、裁判の被告にすることができません。ユダヤ人を劣等人種と位置づけ、抹殺を計画し、主導した張本人たちが裁かれなくなるのです。

以上のような考え方から、人道に対する罪という概念が生まれました。ニュルンベルク国際軍事裁判憲章では、「絶滅」という実態に即した用語も使われるとともに、「犯行地の国内法に違反すると否とを問わず」としてドイツの国内法に反していなくても（被害者がドイツ国籍のユダヤ人であっても）裁く道が拓かれ、「戦前もしくは戦時中に行われた」として戦時の行為でなくても裁けるようにしたのです。

なお、ドイツの裁判において、「共同謀議」という考え方を適用したのも動機は同じです。この考え方を適用することによって、犯罪的な計画にかかわったものは、どのような立場にあろうとも、そして犯罪の実行犯であろうとなかろうと、かかわったというだけで罪を問えるようにしたのです。これがそのまま東京裁判の「平和に対する罪」に適用されたため、かなり現実離れしたものになったことは、よく指摘されている通りです。

## ●日本が条約を結んで国家に賠償したのは自然なこと

こうして、日本もドイツも、同じ三つの種類の罪で裁かれたわけですが、裁判の重点はかなり異なっていることが分かると思います。その違いは、両国における戦争犯罪、戦争責任の受けとめにも影響を与えました。

日本の場合、戦争責任といえば、一般にはアジア諸国などを侵略した責任と捉えられてきました。戦後五〇年をきっかけにして、慰安婦問題が表面化するなどして、民間人に対する人道上の犯罪という問題が浮上しましたが、いまも問題になるのはA級戦犯だということからも分かるように、侵略責任が主だという関係に変わりはなかったと思います。それに対して、ドイツで戦争責任が問われる場合、東欧諸国を侵略したこと（侵略政策）はあまり焦点にならず（誰もが侵略だと認定していることは確かですが）、ユダヤ人虐殺をはじめ民間人の虐殺などの行為が犯罪として問題になってきたのです。

裁判の重点が違っていることは、他の問題にも影響を与えました。戦後の賠償、補償の問題の違いが最大の分野です。

日本は、国家の政策として他国に侵略した責任が問われたわけですから、その落とし前の付け方として選ばれたのは、国と国が条約を結ぶというものでした。サンフランシスコ平和条約（一九五一年）もそうですし、インドネシアその他の国との賠償条約も結ばれました（すべて五〇年代）。

ただし、これらの賠償は、建前としては、侵略の代償という性格のものではありません。「戦争中に生じさせた損害及び苦痛に対して」（サンフランシスコ条約第一四条）支払われるものでした。国民が受けた「損害及び苦痛」の代償でしたから、条約によって賠償問題が決着した場合は、国だけでなくその国の国民の請求権も終了するという構図になります。戦争賠償とは性格が異なりますが、日韓基本条約と請求権協定（六五年）も同様の考え方に立っています。

もっと昔の戦争の場合、勝った側は領土を奪うなど、いかにも国家の勝利を象徴するようなことをしていました。しかし、第一次大戦後のドイツの賠償以来、そのような勝者の傲慢さをあらわすようなやり方は、建前として許されなくなります。あくまで国民が被害を受けたことが、戦後に「獲得物」を得る根拠となっていたのです。なお、ドイツへの賠償があまりに多額に上ったことがドイツ国民の復讐心を煽ったことへの反省から、日本に対しては「寛大な賠償」にとどまったことは、よく知られています。

## ●ドイツが個人補償をしたのも自然なこと

日本の賠償は、国際法の流れに沿ったものだったと思われます。賠償を放棄した国もあったこと、賠償をしてもそれが損害を受けた個人に渡されたわけではなかったことなど、よく指摘されるような問題はあるでしょうが、国際法的に見ておかしいというものではありませんでした。

一方、ドイツの賠償は、これとは違った流れを形成します。日本とは異なる事情がそれを生み出しました。

ドイツは、戦後東西に分裂したため、平和条約を他国との間で結ぶ状況にありませんでした。しかし、ユダヤ人虐殺の衝撃はあまりにも大きく、条約を締結できないから何もしないというのでは済まされません。

それでまず、西ドイツが国内法である連邦補償法を制定し（一九五二年）、ナチスによるユダヤ人迫害にかかわって、ドイツに居住する、あるいはしていた個々のユダヤ人に対して補償する仕組みがつくられます。海外に出たユダヤ人が多いので、ドイツ国内に住んでいた支払い対象者は少なかったのです（約一五％）が、基本的にはドイツ国民への補償という性格を持っています。

これがドイツが実施した個人補償の約三分の二を占めています。残りの多くは、ドイツが侵略し、占領した地域でナチスに迫害されたユダヤ人への補償となります。これは、平和条約（戦争を法的に終わらせるために結ばれる）が締結できないもとで、補償にしぼった協定を各国とのあいだで結ぶというやり方で行われました。五九年から六五年にかけて西側諸国との間で、九〇年代に東側諸国との間で結ばれます。連邦補償法にもとづく補償が直接に個人に渡されるのと異なり、国家が受け取って個人に渡すという方式がとられます。

## ●ドイツと日本を単純に比較してはならない

ドイツが被害を受けた個人に補償したのに、日本は何もしていない――。日本では、よくそう言われます。

しかし、いま述べてきた経緯を見れば分かるように、両国はそれぞれの歴史のなかで、それぞれの責任を果たしてきたのだと思います。どちらが優れていて、どちらが劣っているなどと、単純に言うことはできません。

ドイツにしても、本来ならば、各国との間で平和条約を結び、国家として戦争全体に関する賠償をすることが予定されていました。一九五五年、ドイツは連合国と協定を結びましたが、その協定において、戦争に起因する請求については、国家の統一まで猶予することとされたのです。その流れからすれば、九〇年に統一が実現した際、平和条約が結ばれなければなりませんでしたが、統一にかかわるいろいろな国際会議の場でも、その問題は議題にさえなりませんでした。

その結果、ドイツは、ナチスによるユダヤ人迫害以外の問題では、何も補償しないという構図がつくられます。さすがにそういう対応への批判が高まり、二〇〇〇年になって強制労働に徴用された人びとへの補償を行うため、ドイツの政府と企業が折半する形の「基金」が設立されます。しかし、これもナチスの不正行為に対する補償ということであって、戦争犠牲者一般への補償という性格を持っていません。虐待された戦争捕虜、日本と同様の問題が指摘される慰安婦などは、補償の枠外におかれたままなのです。

## ●被害を受けた個人への補償が国民感情に合致

こうしてドイツも日本も、それぞれ責任を果たしてきましたが、なぜドイツは良くて日本は悪いと言われるのでしょうか。日本はなお、戦時のいろいろなできごとの責任を問われているのに、統一後のドイツは平和条約や賠償協定を結ばないでも赦されたのでしょうか。私は、以上述べてきたように、日本は日本なりに責任を果たしてきたという立場です。しかし、それでもなお世界的な評価がそうなっている理由を突き詰めなければ、この問題への回答は見えてきません。

大きな問題として横たわっているのは、戦争責任の果たし方がどういうものだったのかが、客観的に見て国民感情を左右するということです。経過を追って見てみましょう。

日本が条約による国家の賠償という方法を選んだのは、当時、それが常識だったからであって、他の選択肢はありませんでした。韓国との請求権協定でも、個々人に何らかのお金を渡すという方式を日本が提案したこともありましたが、韓国側が受け入れなかったと言われます。それが普通だったのです。

とはいえ、戦争で（あるいは植民地支配で）被害を受けるのは、一人ひとりの個人です。前述のように、第一次大戦でドイツに賠償を支払わせる論拠となったのも、国民が被害を受けたことでした。第二次大戦もそうですが、いわゆる総力戦を戦うために国民に耐乏を強いるような時代になったわけですから、国民の「損害と苦痛」に報いるという建前が必要とされたのです。

第一次大戦までは、それが建前のままで済まされていたのでしょう。実際には国家がすべての賠償金を獲得するわけですが、それを被害者に分配しなくても、異論が唱えられるような現象は生まれませんでした。

しかし、第二次大戦後、ドイツが余儀なくされた事情から個人に対する補償をしてみると、それが国民感情に合致する方式だということになったのです。もともと建前としては国民の被害に報いるとしなければならないほど、個々人の人権というものが重きをなす時代に移行しつつあったわけですが、そういう時代には個人補償がピッタリだったのでしょう。

## ●条約による賠償で法的には決着済みだが

そうして九〇年の統一を迎えたとき、猶予されていた条約による賠償はどうするのかが、おそらくこの問題の担当者の頭をよぎったことでしょう。けれども、賠償はそもそも個人の被害に報いるためというのが建前でしたから、すでに個人への補償をしているドイツに対して、さらに追加的に支出させる論拠があまり見いだせなかった。捕虜虐待などを解決するためだけに条約まで結ぶとはならなかった。このあたりは推測になりますが、関係者の思考はそういうふうに流れたのだと思われます。

一方の日本は、国際法にもとづき律儀に国家賠償に取り組んできました。しかし、日本の賠償が終了する頃から、ドイツの個人補償が実施されるようになり、ドイツの評価が高まってくるわけです。そして、日本が個人補償をしていないとして問題になってきます。

しかし、国際法にもとづく義務を果たしたという点では、日本もドイツも変わるところはないと思います。日本政府が言うように、法的には決着済みなのです。そのことには自信を持っていい。

けれども、時代が変わって、人権感覚も大きく変わりました。戦時の被害の補償は個人に対してなされることが当然のように受けとめられるようになったのです。法的に見れば、日本の戦争によって被害を受けた人への補償は、日本が賠償を支出した先の各国が、自国の被害者に対して行うべきものです。とはいえ、被害を生み出したのは日本なのですから、日本が誠実な態度を見せなければ被害者が納得できないというのも、厳然とした事実です。

ですから日本は、法的には決着済みという線を踏み越える必要はありませんが、被害者に対しては誠実であることが求められるのです。国家間では通用する「決着済み」という言葉は、被害者が耳にすれば、日本が被害をなかったことのようにしていると響くのであって、被害者に対しては常に責任を感じていることを表明し、必要な対処をすべきなのです。日本会議の面々のように、「決着済み」をくり返すだけでは、相手の国民感情を害して、結果として問題を長引かせるだけなのです。

## ●ナチスが犯罪者で国民も責任があるというドイツの構図

戦争責任の果たし方という場合、誰がどうそれを果たすのかも問われます。賠償はそれを国家が果たすやり方ですが、犯罪にかかわった国家の指導者、あるいは国民の責任の果たし方も問われます。

ドイツは、いろいろ複雑な経緯はあるようですが、それを上手に果たしたと思います。犯罪を犯したナチス指導部と、ナチスの蛮行を許容した国民と、その両者の区別を明確にしたところが最大の特徴でしょう。

ナチス指導部に対しては、まさにユダヤ人を迫害した犯罪者としての対処が行われました。ニュルンベルク裁判での断罪にとどまることなく、ドイツ自身が裁判を行ったことは有名です。一万人以上が起訴され、半数程度が有罪になっています。七九年、謀殺罪に限っては時効が停止されたことも知られています。

同時に、ナチスの蛮行を容認したドイツ国民は、犯罪者として扱われることはなく、政治的道義的責任を果たすべき対象として位置づけられました。戦後四〇周年の際、ワイツゼッカー大統領が行った有名な演説があります。この演説では、「犯罪に手を染めたのは少数です」「一民族全体に罪がある、もしくは無罪である、というようなことはありません。罪といい、無実といい、集団的なものではなく個人的なものであります」とされ、犯罪はナチスによるものだという立場が貫かれています。同時に、一般の国民については、「(ユダヤ人を移送する）列車に気づかないはずはありませんでした」、「罪の有無、老若いずれを問わず、われわれ全員が過去を引き受けなければなりません」として、道義的責任は免れないことを強調しています。

こういう立場について、ドイツの取り組みを過小評価する人から、「結局、侵略の罪は認めなかったし、侵略にともなう犯罪は補償しなかった」という批判があります。そういう側面があるのは事実です。しかし、ドイツがナチスのユダヤ人虐殺の問題に取り組んできたのは、他の犯罪を軽くするためではなく、ユダヤ人虐殺の重大さ、深刻さから目を背けないためであったことを認識する必要があります。ドイツが真剣に取り組んだユダヤ人虐殺問題での対応から学ぶというのではなく、ドイツが相対化している分野のことを持ってきて、日本の犯罪を軽くするために利用するのは、お門違いという批判を免れないでしょう。

## ●侵略犯罪の責任が誰にあるかで合意がなかった日本

日本は、あの犯罪的な戦争をしたことの責任が誰にあるのかという問題について、ドイツと異なり、世論の合意を形成できなかったと思います。そのことが、侵略した相手の国から理解を得られないことにつながりました。

国家機構の頂点に立っていた天皇が裁かれれば、問題は生じなかったかもしれません。しかし、評価は人によりいろいろでしょうが、現実にそうはならなかった。代わりにA級戦犯容疑者が一手に戦争責任を引き受けることになったわけです。

Ａ級戦犯容疑者にすべての罪を負わせることで一貫した立場がとれるなら、ドイツが戦後も容疑者を裁きつづけたことと比べれば弱さはありますが、日本もドイツ並みにはなれないとしても、近づくことはできたかもしれません。けれども、そうもなれませんでした。

その違いが生まれた理由は明白です。ドイツの場合、敗戦にともなってナチス政権が完膚なきまでに倒されて、連合国に直接占領され、ナチスと関係のない人びとが政権を担うことで戦後がはじまりました。政権を担った人びとはナチスを完全に否定できる立場にあったのです。ところが日本では、侵略政策を遂行した旧政権が占領されてもそのまま残され、そのうちの一部はＡ級戦犯とされましたが、残る人びとはアメリカの占領政策の邪魔にならない限り政権を担い続けたのです。

そのため、日本の戦後政権は、かつての同志であるＡ級戦犯を否定するような態度がとれないでいました。せっかくＡ級戦犯が責任を引き受けてくれたのに、日本には責任はないかのような発言を閣僚がしたり、Ａ級戦犯を靖国神社に祀ることに政府が関与してみたりしたのです。しかも、日本国民は、そういう自民党政権を支持し続けました。ドイツは反省しているが日本は反省していないという世界の見方が誕生したのは、こういう経過からです。

## ●安倍談話を最初の叩き台に、それを乗り越える合意形成を

これをどう克服するかは難しい問題です。自民党政権に代わって、戦争責任を全面的に認める政権ができると想定しても、いまさら被害者に個人補償を全面的に実施するなど現実味がありません。何兆円もかかるような事業は、ぼう大な財源が必要になるわけで、日本国民からも支持されないでしょう。

一方、自民党政権が続くにしても、戦争責任は認めないという本音が前面に出てしまっては、日本と周辺諸国の安定的な関係は築けません。不安定な方が安倍政権への支持は高まるかもしれませんが、自民党の総裁としての立場ではなく、首相として日本国民全体の利益を最優先すべき立場に立てば、日本周辺の平和と安定の方が大事なはずです。

現時点でできることは、東京裁判の最大の焦点だった国家としての侵略責任については、引き続ききっぱりと認めることでしょう。その態度を将来にわたって堅持すると誓約もすることです。法的に決着済みという枠を超えない範囲で、被害者に誠実に対応することも不可欠です。閣僚がそういう政府方針からはずれることは、きびしく戒めることです。

日本会議も容認する安倍談話は、光と影の双方を描いているという点では、そういう歴史観が国民的な合意をもって確立し、実施されるための最初の叩き台にはなると思います。歴史研究者のなかから、この安倍談話と安倍氏が受け継ぐと言う村山談話を有機的に合体することにより、両者を乗り越えるような歴史の見方が提示されることを期待します。

終章

# 現在の若者へ、靖国に祀られた若者へ

最後にふたつの問題を論じます。どちらも重たい問いを含む問題ですが、若者に歴史の何を引き継いでいくのかということと、戦争で亡くなった兵士に何を言うべきなのかということです。

## 1、若者に歴史の何を引き継いでいくのか

### ●「謝罪を続ける宿命を背負わせてはなりません」ということ

本書の「序章」で、日本会議の田久保会長が、安倍談話について、「子々孫々にまで謝罪を続ける宿命を背負わせてはならないと言いました」とし、「七〇年の長い年月を経て、ここで大きく潮目が変わったと断言してもよかろう」と評価したことを紹介しました。これは、安倍談話の「あの戦争には何ら関わりのない、私たちの子や孫、そしてその先の世代の子どもたちに、謝罪を続ける宿命を背負わせてはなりません」という部分を受けたものです。ただし、以下に引用する安倍談話の関連部分を見ると、田久保氏の評価は一面的なようです。

「日本では、戦後生まれの世代が、今や、人口の八割を超えています。あの戦争には何ら関わりのない、私たちの子や孫、そしてその先の世代の子どもたちに、謝罪を続ける宿命を背負わせてはなりません。しかし、それでもなお、私たち日本人は、世代を超えて、過去の歴史に真正面から向き合わなければなりません。謙虚な気持ちで、過去を受け継ぎ、未来へと引き渡す責任があります」

談話が発表された当時、この部分のうち、謝罪を続ける宿命を背負わせないという部分だけが強調されて報道されました。しかし安倍首相は、談話後段にあるように、「過去の歴史に真正面から向き合」うことも、若い世代に求めています。大事なことです。安倍首相がこんなことを言うとは誰も思っていないので、見逃してしまうのです。思い込みは怖いことです。自戒を込めて紹介しておきます。

ただ、それにしても、若者に謝罪させないという箇所は、安倍談話の「売り」として捉えられてきました。安倍首相はこの部分に、どういう意味を込めていたのでしょうか。

私も、日本の国家指導者が犯した犯罪行為について、犯罪にかかわったわけでもない若い世代が謝罪するという考え方には違和感を覚えます。犯罪という違法行為に対する法的責任というのは、第四章で引用したワイツゼッカー演説にもあるように、あくまで犯罪の行為者が背負うべきものです。その点では、犯罪の法的責任を問われないのは、若い世代だけではありません。戦中世代であっても、犯罪行為をしてもいない人がそうした責任を問われるのはおかしいし、実際に問われてこなかったと思います。

## ●問題は国家の責任をどう捉えるのかだ

問題は、その先にあります。

指導者個々人の責任は裁判で問われ、判決が下され、執行されました。十分か不十分かということは別にして、それによって指導者の責任は果たされたわけです。また、国民の責任といった場合も、問われるのは犯罪を見逃した政治的な責任というものでしょう。そして、そういう責任であっても、当時は生まれてもいなかった現在の若い世代の場合、問われるべきものではありません。いかなる意味でも、若い世代が謝罪を強いられることはあり得ないのです。

では、その先にある問題とは何か。

それは、現在の日本国家は（当時の国家ではなく）、戦争とその最中の犯罪行為に責任があるのかないのかという問題です。あるとすればどんな責任を負っているのかということです。

たとえ革命などで国家が生まれ変わっても、以前の国家の義務等を継承することになっています。ソ連が崩壊し、ロシアやウクライナ等に変わったときも、ソ連の保有する核兵器を継承するのはどの国かが国際的に議論になりました。ほしいものは受け継ぐが、イヤなものは受け継がないということは、現在の世界では許されていません。

第二次大戦の際、犯罪の責任が問われた指導者は、あくまで国家の代表者としてその行為を行いました。ですから、指導者が責任を果たしたからといって、国家の責任が消えてなくなることはありません。責任の種類をあらわす考え方として、カール・ヤスパースが指摘したように、法的責任、政治的責任、道義的責任、形而上的責任があり、こういう場合の国家の責任がこのどれに当たるのか、あるいは別のものなのかは私には分かりません。しかし、少なくとも戦争の記憶が人びとの頭脳にとどまっている間、国家の責任が消滅することはないでしょう。国家は、何らかのかたちで、その責任を果たしていくことを求められるのです。

ドイツでは、ネオナチに見られるように、若者の間で過去を謝罪するどころか、過去を否定するような言動が広がっています。しかし、現在の国家指導者がそれに与しないため、ドイツ国家それ自体があらためて責任を追及されることはありません。

日本でも、若者が日本の過去をどう捉え、何を発言しようと、それ自体が外交問題になることはないのです。ところが日本では、国家の指導者のなかに（大臣であったり国会議員であったりレベルはさまざまですが）、過去の責任を否定するような言動が見られることがあり、それが時として問題になってくるのです。

そうなのです。問題になっているのは国家の問題だけなのです。若者が謝罪すべきかどうかなど、周りの国の人も含め、誰も問題にしていないのです。

それなのになぜ安倍首相は、若者に謝罪させないことを、あえてそこまで強調するのでしょうか。うがった見方かもしれませんが、若者を楯に使うことによって、国家の責任まで否定しようとしていませんか。そうでなければ幸いなのですが。

## ●侵略した国に生まれたことは不幸なのか

では、われわれの世代（安倍首相と私は同い年です）が若者に伝えるべきこと、安倍談話でいえば「過去の歴史に真正面から向き合」うべき内容とはどんなものでしょうか。それも、国家の責任ということだと思います。

若者に責任がないとはいえ、その若者も、日本という国家に生まれたことからは逃れられません。いくら若者は謝罪しなくていいと強調しても、どの若者も、過去に侵略したことのある日本国家の一員として考え、行動せざるを得ないのです。

この点で強調したいことは、若者にとって、侵略した過去を持つ国に生まれたことは、そんなに不幸なのかということです。そう単純ではないのではないでしょうか。別の視点から考えれば分かります。日本やドイツに侵略された国の側の視点です。

例えばアメリカです。アメリカが、自由や民主主義を基本的な価値観に置く優れた国であることは、論を俟ちません。我々の世代ほどではないにせよ、アメリカにあこがれる若者も多いでしょう。

しかし同時に、第二次大戦後のアメリカが、ベトナム戦争やイラク戦争をはじめ、侵略に明け暮れてきたことも事実です。なぜ、自由や民主主義をうたう国が、他国を侵略したりするのか。それは、まさに逆説ですが、日本やドイツを完膚なきまでに打ちのめしたことによるものでしょう。第二次大戦で自由の旗手として戦い、勝利し、自由を広げた自負が、アメリカを驕った国家にしてしまった。自由を世界に広げるためには、自由を踏みにじる国家を戦争で倒してもいいという確信を持ってしまったのです。

イラク戦争に際して、世界の多くの国から反対があった際、アメリカからは、軍事行動に踏み切るのを正当化する根拠として、日本との戦争と占領政策の成功が語られました。日本を民主国家に仕上げたのだから、イラクでも同じことができるという驕りでした。そういう言明を聞きながら、何十年も前のできごとがいまでもアメリカという国を縛っていると感じたのは、私だけではないでしょう。

## ●侵略された国の歴史観はどうなのか

中国やロシアはどうでしょうか。まず中国です。

中国は現在、「抗日戦争」に勝利したことを誇り、国内で一貫したキャンペーンを張っています。日本の対中国戦争は、本書で論じてきたように疑いのない侵略戦争でした。そして、中国がこの戦争で多大な犠牲を強いられたことは事実であり、日本が国家責任を否定できないのはいうまでもありません。

しかし、中国のキャンペーンを見ていて懸念するのは、これほどまでに戦争の意義、戦争の正しさを論じてしまえば、抗日戦争にとどまらず、戦争それ自体を肯定することになるのではないかということです。あれほどのキャンペーンが続くと、中国の国益のためには戦争が必要なのだということを、多くの国民が一般論として感じてしまうのではないでしょうか。

中国にとって必要なのは、そのような一面的なキャンペーンではありません。日本のように侵略をする国は、侵略された国から反撃されるだけでなく、周りの国々からも批判され、結局は敗れ去るというもっと一般化されたキャンペーンでしょう。他国から支持されない一方的な軍事行動をしていては世界から疎まれ、結局は敗北することが伝わっていけば、周りから批判される現在の中国の行動の末路を国民も知ることになり、中国にとっても有益なのではないでしょうか。

ロシアの場合、問題となるのはソ連時代の「大祖国戦争」です。ナチス・ドイツによる侵略によって開始されたこの戦争で、ソ連では三〇〇〇万人が犠牲となったと言われています。ソ連がドイツを打ち破ったことは、第二次世界大戦を終結させる上で決定的な意味を持ったのであり、旧ソ連の人びとがそれを誇ったのは当然のことだと思います。

しかし一方で、ソ連の勝利は、当時の指導者であるスターリンの犯罪を覆い隠す役割をも果たしました。国内的には何百万人をも虐殺し、対外的にもドイツと結んでバルト三国を併合したりしたのに、死去するまでその犯罪行為がとがめられることがなかったのは、「スターリンは、あの大祖国戦争でソ連国民を救ったし、連合国の勝利に貢献した」という現実でした。

戦争の勝利が、そうしたゆがみを生み出したのです。現在、大国主義が問題になるロシアでスターリンが懐かしがられることがある背景にも、同じ問題が横たわっていると思います。

### ●戦争を肯定しない歴史観の方が健全ではないか

以上の三国に共通するのは、戦争の勝利を誇る歴史観です。戦争それ自体を肯定的に捉える考え方です。そして、いま紹介した事実が示すことは、戦争に勝利したからといって、その国の国民が将来にわたって間違いを犯さないわけではないということです。それどころか、勝利に縛られてかえって傲慢になり、道を誤る場合もあるということです。

こういう国々とは異なり、日本の場合、いかなる意味でも、かつての戦争を肯定的に論じることは許されてきませんでした。しかし、日本にとって、それは不幸なことだったのでしょうか。

問題になっているのは、他でもない「戦争」です。一度開始されると、多大な犠牲を生み出す戦争なのです。もし問題になっているのが、もっと中立的な事柄であって、肯定するか否定するかが難しいものなら、祖国の過去に関わる問題ですから、否定的に捉えるよりも肯定的に捉えたいという感情は理解できないでもありません。しかし、「戦争」はそういうものではないはずです。できるだけ否定的に捉えるべきもののはずです。

そう考えると、戦争を肯定的に捉えるアメリカ、中国、ロシアなどの歴史観は、決して褒められるようなものではないことが理解できます。「戦争」と聞いても心が躍らない日本国民の方が、よほど健全だといえると思います。日本が戦争の過去に否定的に縛られていることは、決してマイナスではないのです。

## ●日本の近現代史の全般を包み隠さず教えていく

もちろん、戦争に勝ったことにより、戦勝国で戦争を肯定する方向で行き過ぎが生まれたように、敗戦国の日本でも逆の行き過ぎがあると思います。国の防衛ということ自体までを否定的に見る傾向の強さです。

それにも理由があります。自衛の名のもとに侵略したわけですから、自衛それ自体への忌避感情が生まれたのです。しかも憲法九条は、多くの国民にとって、そういう感情を正当化するもののように思えました。

しかし、侵略する国があるということは、自衛を余儀なくされる国もあるということです。侵略の数と同じだけの自衛があるということです。ここをどう捉え、言葉の真の意味で自衛のための戦略をつくりあげていけるのかは、日本国民にとっての大きな課題です。とはいえその課題を日本国民がやり遂げることは、戦争を肯定的に捉える国が、自己を徹底的に見つめ直し、戦争を否定的に捉えるようになるよりは、はるかに簡単なように感じます。

ですから、われわれの世代は、日本の近現代史を包み隠さず、光も影も含めて、トータルに若い世代に教えていくべきではないでしょうか。否定したい過去、隠したい過去など日本にはないと、若者に堂々と伝えるべきではないでしょうか。

## 2、亡くなった兵士をどう悼み、何を告げるのか

最後です。いちばん難しい問題です。靖国に祀られている方々、あの戦争に兵士としてかり出され、命を失うことになった若者をわれわれはどう悼み、何を告げなければならないかということです。

### ●栄光史観派は英霊を悼み、罪責史観派はアジアの死者を悼む

「日本会議」史観派は、ここをいちばんの強みにして、強大化してきました。どういう強みか。安倍晋三氏などが靖国に参拝する際にいつも口にする言葉と同じですが、何回か引用した日本会議の「七〇年見解」も、次のように述べています。

「国民が享受する今日の平和と繁栄は、先の大戦において祖国と同胞のために一命を捧げられたあまた英霊の尊い犠牲の上に築かれたことを忘れてはならない。この英霊への感謝の念こそ、この節目の年を迎えた日本国民が共有すべき歴史認識の第一であるべきである」

なぜこれが強みなのか。それは、何よりも、残された遺族の気持ち、それを通じて素直に死者を悼む国民の感情にも応えるものだからです。遺族は、自分の夫や子どもたちの死が意味のあるものだったと自分を納得させたい。ムダに死んだのだとは思いたくない。ましてや、他人に恨まれる最期だったなどとは、絶対に認めたくない。

そういう状況下で、「祖国と同胞のために一命を捧げ」たことへの「感謝の念」の表明は、強いインパクトがあります。ここでは、アジアの人びとに迷惑以上のものをもたらしたことは捨象され、死が政治と離れたピュアなものとして扱われるわけです。戦後何十年経っても、特攻隊員の最期を描いた小説や映画が流行るのは、そうした事情があります。

一方、あの戦争を侵略戦争だと認識する人にとっては（私もですが）、かり出された兵士に「感謝の念」を表明することに困惑を感じてしまいがちです。兵士に感謝してしまうと、その兵士に殺されたアジアの人びとに対し、どういう言葉で哀悼を捧げるのかが見えてこなくなる。「自分たちを殺した兵士に感謝するのか」と言われると、返す言葉がなくなるのです。

日本の侵略を批判する人びとは、広島、長崎の原爆犠牲者、あるいは沖縄戦の死者に対しては哀悼の気持ちを表明しています。この結果、同じ日本人の死者なのに、扱いが分裂するわけです。「日本会議」史観派も、兵士の死だけを持ち上げるという点で、逆の方向で分裂しています。

この分裂をどう克服するかという問題は、戦後五〇年の年に、加藤典洋氏が「敗戦後論」で提起した問題です。そして、進歩的知識人から、「アジア軽視」「侵略の重みをどこまで受けとめているのか」と批判された問題です。しかし、それから二〇年以上が経ち、英霊を持ち上げる「日本会議」史観が当時よりさらに幅を利かせている現状を見ると、加藤氏の提起を振り返ることの大切さを感じます。

### ●「日本会議」史観派の見解は英霊に失礼である

「日本会議」史観派の批判をするだけなら簡単なのです。その場その場にあわせて、受け狙いの発言をしているので、矛盾だらけです。

例えば、「国民が享受する今日の平和と繁栄」が、「英霊の尊い犠牲の上に築かれた」という強調もそうです。これは、「国民が享受する今日の平和と繁栄」がありがたいものだ、それに誰もが幸せを感じているのだということを前提にしています。日本の現状を肯定的に捉える見地です。だから英霊に対して「感謝の念」を持たなければならないというわけです。

しかし、これは日本会議の現状認識とは正反対です。例えば、日本会議の設立宣言は、日本の現状を次のように規定しています。

「しかしながら、その驚くべき経済的繁栄の陰で、かつて先人が培い伝えてきた伝統文化は軽んじられ、光輝ある歴史は忘れ去られまた汚辱され、国を守り社会公共に尽くす気概は失われ、ひたすら己の保身と愉楽だけを求める風潮が社会に蔓延し、今や国家の溶解へと向いつつある」

日本会議は、日本社会の現状が「ひたすら己の保身と愉楽だけを求める」ものとなっており、「国家の溶解」さえ現実的だと指摘しているわけです。それならば、「英霊の尊い犠牲の上に築かれた」のはそういう社会だと素直に言わなければならない。でも、そう言ってしまうと、英霊を侮辱するようなことになるので、本音では日本の現状を忌むべきものと捉えているのに、英霊を持ち上げる時だけは日本がいい社会になったことにしているわけです。

要するにご都合主義的な要素があるのです。不誠実な態度であって、英霊に失礼だと思います。

## ●死者の分断を放置してはならない理由

ただ、それをいくら批判しても、問題は解決しません。日本の侵略を批判する立場の人にとって、アジアの死者と日本兵の死者との扱いは分裂したままです。悼むべき死と、悼まれない死という、真逆方向への分裂ですから深刻です。これを放置していては、「日本会議」史観の広がりを防ぐこともできません。日本の侵略を批判する立場の人こそが、死者の分断を克服する考え方、国民多数が納得できる考え方を提示すべきだと思います。それは、八月六日と九日に原爆の犠牲者を追悼するのと同様、一五日にも日本の若者を追悼するための考え方でもあります。

分裂していていいのだ、という立場もあるでしょう。日本が犯した誤りの結末として受け入れるべきだというような立場です。加藤典洋氏の提起が批判されたのも、侵略した側とされた側の死を同列に置いてはならないという見地からのものでした。

もちろん、一つひとつ異なる死を、すべて定型的に同じものだと捉えることはできませんし、その必要もありません。また、特定の価値観を持つ市民運動や歴史家なら、その価値観にそって、意味のある死と意味のない死を区別することもあるでしょう。

しかし、行政のレベルでは、そうも言っていられません。沖縄で戦後五〇年の年に建立された「平和の礎」を想起してください。そこでは沖縄の県民も、沖縄戦のために本土からやってきた日本兵も、そしてアメリカ兵も区別することなく、沖縄戦で亡くなったすべての人の名前が刻まれ、追悼されています。そういうものが必要とされているのです。そして、それぞれの悼み方に違いがあっても、ある範囲と条件のもとでは、共通の哀悼の言葉はあり得るのです。

国のレベルでも、そのための機会はあります。毎年八月一五日に開かれる全国戦没者追悼式です。その場で日本の兵士とアジアの死者にどんな言葉で追悼するのかです。

過去、そこでの総理大臣の式辞では、アジア諸国への加害について、細川護熙首相が一九九三年に初めて「哀悼の意」を表明し、翌年に村山富市首相が「深い反省」をくわえ、その後の歴代首相は踏襲してきました。それは大事なことでしたが、侵略を認めた細川、村山両氏による亡くなった日本兵に対する追悼の内容は、それまでの侵略を認めなかった自民党政権と同じでいいのか、日本兵とアジアの死者の双方をどんな言葉で追悼すべきかは、ほとんど議論されませんでした。そして、第二次安倍内閣になって四年間、再び何の議論もされないまま、アジアの人びとへの「追悼」はなくなってしまいます。

だから、この問題は、もっと議論されなければならないと思います。議論を通じて、ある程度の共通認識ができないといけないと感じるのです。

## ●侵略がなければ戦争を忌む日本人の共通認識は生まれなかった

私がこの問題でのカギとなると思うのは、先ほど、現在の若者に引き継ぐべき言葉を論じたなかでふれたことです。この戦争を通じて、日本人のなかに、戦争というのは忌むべきもので、二度とくり返してはならないという、ある共通の認識が生まれたことです。

そういう認識が生まれたのは、この戦争があまりにも大規模で、あまりにも多くの犠牲があったからです。多くの若者が戦地に送られ、補給もままならない状態で戦い、銃弾に倒れ、あるいは餓死していきました。一方、若者が送られたアジアが戦場となり、二〇〇〇万人もが犠牲になりました。一方が侵略の側、他方が侵略される側にいたわけですが、侵略が大がかりとなり、そのためにアジアの犠牲者がかつて経験したことのないほどのものとなることにより、その結果として、日本人は戦争は忌むべきものだという認識を共有することになったのです。

侵略がなければその認識は生まれなかった——。そういう言い方をすると、侵略を正当化するような響きになってしまうかもしれません。それは本意ではありませんが、しかし、侵略の最前線に立たされた兵士の死のどこかに意味があったとすると、そこをあいまいにしてはならないと感じます。侵略した側の死と、侵略された側の死と、その双方の尊い死を通じて、私たち日本国民は戦争は忌むべきものだという共通の認識を確立したのです。

そこがはっきりすれば、アジアの死者と、広島、長崎の死者と、戦地に散った日本兵の死者に対して、共通の弔いの言葉を投げかけることができるようになります。あの戦争を通じて、日本の国民は世界でも希有な戦争に対する考え方を確立したのだと、さまざまな死者に対して共通の言葉をかけることができます。それを通じて、現在の歴史観の分裂につながっている過去の死者の分断を克服し、「さまざまな死者の連帯」をつくりだすことが可能になると思います。

## ●正しい戦争でなかったと思うから死に意味を感じたい遺族

同時に、亡くなった方々を悼むには、亡くなった方々同士の連帯だけでは足りません。侵略を批判する立場でこの問題を論じる人びとと、兵士として死んだ若者との連帯も求められると思います。

先ほど論じたように、日本兵の死に意味があったのだという認識が確立することは、そこに近づく一歩です。忌むべき戦争という認識を持った「同志」になるのですから、大事なことです。それにくわえ、もうひとつ克服すべきことがあります。

侵略を批判する立場に立つ人は、「なぜ当時の人はあんなとんでもない間違った戦争をしたのだ」という気持ちになりがちです。これは、自分は正しい判断ができるけれども、当時の人びとにはできなかったということですから、死者を悼む気持ちとはズレが生じます。亡くなった人に罪はなく、侵略戦争を起こし、若者を戦地に赴かせた国家指導者の責任だということにしても、自分は正しいが、当時の人びとには戦争を阻止する能力はなかったと見るという点では、気持ちの乖離はなくなりません。自分の手は白いけれど、兵士の手は血にまみれているという見地のままでは、たとえ死者に弔いの言葉をかけても、それが届くことはありません。遺族の心にも響きません。ここをどう考えるのか。

「日本会議」史観派は、あの戦争は正しかったという立場であり、英霊はその正しい目的のために殉じたという主張をするので、「正しい戦争」という見地で死者と心を通わせようとするわけです。そこが遺族の心に響く面があります。

しかし、多くの遺族も、単純に正しい戦争だったと思っているわけではありません。間違った戦争だったという認識を捨てきれないからこそ、それを否定することができないからこそ、夫や子どもの死のどこかに意味を見いだしたいのです。そういう複雑な心境のなかにあるのに、侵略に加担した死だということを、ただ高みから見下ろして言われても、納得しきれない心情が残ってしまうのです。

●靖国に祀られている若者と現代を生きる者との連帯

あの戦争が侵略だったという見方に立っていても、靖国に祀られている若者と心を通わせられる部分が少しでもあれば、遺族との間でその部分を少しずつでも広げていくことは可能だと思います。その方法はあります。

前節で、「謝罪を続ける宿命を背負わせてはなりません」という安倍談話の一節を取り上げた際、そこに関連して、「(現在に生きる)どの若者も、過去に侵略したことのある日本国家の一員として考え、行動せざるを得ない」と指摘しました。そうなのです。現在、この日本で生きている世代は、「侵略した国家の一員」として生きているのです。その責任は背負っている。

もちろん、戦時中にあの戦争は侵略だと見抜き、命を張って闘った人びとがいることは承知しています。その世代に属さない人びとのなかにも、自分だったら侵略に荷担することはなかったと、自信を持って言える人がいるかもしれません。

しかし、現在に生きている誰であれ、「侵略した国家の一員」ではあります。戦場で散っていった若い兵士だけでなく、それに連なる私たちも、同じ「侵略した国家の一員」なのです。そういう自覚を誰もが身にまとって、死者に相対することが大事だと思います。

ということは、同じことを別の視点でくり返すことになりますが、死者の間でも侵略した側と侵略された側での連帯が築けるように、いまこの日本で生きている人びとと、戦場に散った若者との間でも連帯は可能だということです。しかもこれは、侵略した国家の一員としての連帯というだけでなく、前節を敷衍して言えば、戦争を忌むべきものとする共通の思想での連帯です。靖国に祀られている若者のおかげで、現在の私たちは、そういう認識を確立することができたのです。

日本会議の人たちは、英霊への感謝という言葉を頻繁に使いますが、それは罪責史観に立つ人々こそが、この文脈において使わなければならないのだと思います。そうすることによって、死者と現在生きている世代との連帯の方法を見いだし、心を通わせていくべきでしょう。それが、日本の未来を平和なものにする上で、とても大事なことだと感じます。そして、そのことによって、「日本会議」史観が現在の日本にもたらしている分断を、できるだけ早く克服していくべきではないでしょうか。

# あとがき

本当に最後になりました。過去について残している論点はもうありません。

大事なことは、すでに論じたことを、現在にどう活かすかということです。戦争を忌むべきことだと認識するだけでなく、再びくり返さないためには何が求められるかということです。

ただ、その問題は、本書の枠を超えています。ここで指摘しておきたいことは、再び戦争をくり返さないということが、いま私たちの眼前にあるリアルな問題になっているということです。新安保法制の成立、それにもとづく南スーダンに派遣された自衛隊の部隊に対する新任務の付与、南シナ海や尖閣周辺における緊張した状態の出現、北朝鮮の核とミサイルの問題、憲法九条をめぐる新しい局面。

そういう状況は、私たちに何をすべきかを問いかけています。その問いかけに真摯に向き合うには、日本の近現代史をどう捉え、そこから何を学ぶのかが決定的に重要になっていると思います。そのために本書が少しでも役立つなら筆者としてうれしいことです。

松竹伸幸（まつたけ・のぶゆき）

ジャーナリスト、編集者。日本平和学会会員。
著書に、『慰安婦問題をこれで終わらせる。』（小学館）、『歴史認識をめぐる40章——「安倍談話」の裏表』（かもがわ出版）、『憲法九条の軍事戦略』『集団的自衛権の深層』（平凡社新書）など。

「日本会議」史観の乗り越え方

2016年 9 月20日　第1刷発行
2016年10月14日　第2刷発行


発行者　竹村正治
発行所　株式会社　かもがわ出版
〒602-8119　京都市上京区堀川通出水西入
TEL 075-432-2868 FAX 075-432-2869
振替　01010-5-12436
ホームページ　http://www.kamogawa.co.jp
印刷所　シナノ書籍印刷株式会社

ISBN978-4-7803-0872-3　C0036